Les Très-mirifiques et
Très-édifiantes

Aventures du Hodja
Nasr Eddin

en Anglophonie
(Tome 5)

Les Très-mirifiques
et Très-édifiantes

Aventures du Hodja

Nasr Eddin

en Anglophonie
(Tome 5)

Compilation de contes
d'origine arabo-musulmane
par Christophe Noël

©2021- Christophe Noël
ISBN - 9782322199075

Édition : BoD – Books on Demand
12/14 rond-point des Champs-Élysées, 75008 Paris
Impression : BoD - Books on Demand, Norderstedt, Allemagne

Dépôt légal : février 2021

A propos de Nasr Eddin Hodja

Nasr Eddin (1) Hodja, parfois orthographié Nasreddin ou Nasreddine (victoire de la religion), voire Nasrudin, est un personnage mythique de la culture musulmane, philosophe d'origine turque, né en 1208 à Sivrihisar (dans le village de Hortu) et mort en 1284 à Akşehir. Il est le fils de l'imam Abdullah Efendi et de Sıdıka Hanım.

Son personnage s'est fondu à celui de Joha (au Maghreb) Jha, Djha ou Djouha (Algérie) Djeha. Le personnage de Joha préexistait à celui de Nasr Eddin Hodja sans que l'on puisse clairement déterminer l'origine de ce personnage du monde musulman. En Afghanistan, Iran et Azerbaïdjan, on l'appelle Mulla Nasrudin et en Asie centrale Appendi (du turc Efendi : monsieur), mais ce sont toujours les mêmes aventures que l'on raconte à son propos. Ses histoires courtes sont morales, bouffonnes, absurdes ou parfois coquines. Une partie importante d'entre elles a la qualité d'histoire enseignement.

Ouléma ingénu et faux-naïf prodiguant des enseignements tantôt absurdes tantôt ingénieux, sa renommée va des Balkans à la Mongolie et ses aventures sont célébrées dans des dizaines de langues, du serbo-croate au persan en passant par le turc, l'arabe, le grec, le russe et d'autres. Ses histoires ont parfois pour protagoniste le terrible conquérant Tamerlan (Timour Leng), pour qui il joue le rôle de bouffon insolent bien que la situation soit anachronique. D'autres histoires mettent en scène son âne et sa première femme Khadija ; il exerce parfois la fonction de Cadi/Kadi/Qadi (juge) voire d'enseignant dans une médersa.

Les histoires de Nasr Eddin ont généralement la même structure, en trois parties :

"D'abord, exposition très brève d'une situation initiale, presque toujours solidement plantée dans la réalité la plus quotidienne, parfois la plus triviale ; puis confrontation du Hodja avec un ou plusieurs interlocuteurs, qui aboutit à une situation de conflit ou, à tout le moins, de déséquilibre (même quand cet adversaire n'est autre que lui-même !); enfin, résolution ou chute, inattendue, voire franchement sidérante, et qui se résume aux paroles que le Hodja lance à ses contradicteurs médusés. Ce sont elles qui portent toute l'histoire, qui en font la drôlerie et la saveur."

Les histoires de Nasr Eddin Hodja peuvent être appréciées pour l'absurdité amusante que révèlent la plupart des situations. Mais elles peuvent aussi être interprétées comme des contes moraux ou des histoires présentant un contenu spirituel. Ainsi, Idries Shah a compilé des recueils d'histoires de Nasr Eddin

Hodja pouvant être lues sur un plan spirituel, suivant la tradition soufie (2).

Nouveau !

Toutefois, on ne peut s'empêcher de constater, après avoir étudié Ésope et les Ésopiques (Phèdre, Babrios, en l'occurrence, que j'ai traités chez le même éditeur), que certains thèmes sont récurrents et se trouvent transmis d'auteur en auteur.

J'ai ainsi retrouvé la fable Babrienne de l'Âne et de sa charge de sel puis d'éponge avec Nasr Eddin pour héros. De même, la fable de Nasr Eddin, son Fils et l'Âne se retrouve sous la plume de Jean de La Fontaine sous le titre du Meunier, son Fils et l'Âne – justement. Preuve que les cloisons ne sont pas étanches, et que nos classiques s'inspiraient de leurs aînés. Dans le Tome 2, où je l'ai confronté à Diogène, on observe également nombre de similarités et rapprochements.

Dans le Tome 3 (sur la Mare Nostrum), j'ai relevé des points communs avec le Sicilien *Giufà* ou *Giuccà*. Au cours de mes recherches, j'en ai trouvé un avatar Corse, **Grossu Minutu**. Ses anecdotes sont sous copyright d'une part, et très Corsico-Corses d'autre part, que je me suis trouvé dans l'impossibilité de les retranscrire. On pourra toutefois entreprendre des recherches en tapant son nom dans le moteur...

Par ailleurs, des particularités au Maghreb, sous la dénomination de Djeha, Joha, Goha, etc ; qui feront l'objet d'une prochaine publication.

Les anecdotes ou contes ici retranscrits proviennent de diverses sources. On pourra ainsi constater que certains se résument à trois lignes tandis que d'autres sont beaucoup plus développés et meublent la page. Les tons sont différents, mais également la dénomination du personnage central est beaucoup plus anglo-orientale : **Nasrudin.**
Les origines sont très diverses. J'ai relevé des occurrences Indiennes, mais l'essentiel est issu du monde Britannique et Américain. Avec de nombreuses références à la psychiatrie ou analyse, ainsi que des problèmes politiques contemporains.
Aussi, il conviendra de considérer que cet avatar est un cousin ou l'arrière-arrière-...-petit-fils de notre Hodja originel.

Je remercie ici, encore une fois, ma fidèle traductrice, Peggy C., qui m'a beaucoup aidé dans ce travail.

(1) Les différentes graphies seront successivement utilisées.
(2) Le soufisme est la vision ésotérique, et mystique de l'islam. Il s'agit d'une voie d'élévation spirituelle par le biais d'une initiation dite tassawuf ou encore tariqa, qui par extension désigne les confréries rassemblant les fidèles autour d'une figure sainte. Le soufisme trouve ses fondements dans la révélation coranique et dans l'exemple de Mahomet, et on peut donc dire qu'il est présent, depuis les origines de la révélation prophétique de l'islam, dans les branches sunnite puis chiite, bien qu'il ait pris des formes différentes dans les deux cas. Dès les débuts de l'islam, des oulémas et des savants comme Ibn Khaldûn se sont élevés contre ce qu'ils qualifiaient « dérives » du soufisme, et ils ont émis des critiques que ce soit sur la pratique religieuse ou sur le dogme4. De nos jours, le wahhabisme est totalement opposé aux pratiques soufies.

Autres publications de l'auteur

EBOOKS (Version numérique) :
- Errances – recueil de nouvelles (BOD)
- Exquises Esquisses, Tomes 1 et 2 – galerie de portraits (BOD)
- Notes Bleues – écrits divers (BOD)
- Nathalie et Jean-Jacques – recueil de nouvelles (BOD)

- Les Très-mirifiques et Très-édifiantes Aventures du Hodja Nasr Eddin – **Tome 1** (BOD)
- Nasr Eddin Hodja rencontre Diogène – **Tome 2** (BOD)

- Les Ysopets – 1 – Avianus (BOD)
- Les Ysopets – 2 – Phèdre – version complète latin-français (BOD)
- Les Ysopets – 2 – Phèdre – version Découverte en français (BOD)
- Les Ysopets – 3 – Babrios – version Découverte en français (BOD)
- Les Ysopets – 4 – Esope – version Découverte en français (BOD)

- Histoire et avantures de Milord Pet (BOD)
- Eloge du Pet (BOD)

- **De la Servitude volontaire – ou Contr'Un**
- **La Désobéissance civile**

- Jacques Merdeuil – nouvelle - version française (Smashwords)
- Jacques Shiteye – version anglaise – traduit par Peggy C. (Smashwords)
- Ζάκ Σκατομάτης – version grecque – traduit par C. Voliotis

(Smashwords)

- Le Point Rouge –nouvelle - version française (Smashwords)

- The Red Dot - version anglaise – traduit par Peggy C. (Smashwords)

VERSION PAPIER :

- Les Très-mirifiques et Très-édifiantes Aventures du Hodja Nasr Eddin **Tome 1** (BOD)

- Nasr Eddin Hodja rencontre Diogène – **Tome 2** (BOD)

- Nasr Eddin sur la Mare Nostrum – **Tome 3** (disponible chez l'auteur)

- Le Sottisier de Nasr Eddin – **Tome 4** (disponible chez l'auteur)

Commandes – dédicaces : christophenoel2020 [at] gmail.com

001. Mamours

– Tu m'aimes, Mulla ? murmura la fille.

– Bien sûr que je t'aime, lui répondit Mulla Nasrudin en chuchotant.

– Veux-tu m'épouser alors ? demanda-t-elle.

– Ne changeons pas de sujet, dit Nasrudin.

002. Conjugalité

Le Mulla Nasrudin, dans la couchette supérieure, fût réveillé par un tapotement persistant venant du bas.

– J'ai terriblement froid ici. Je me demande si vous pourriez me donner une couverture, dit une voix de femme.

– J'ai une meilleure idée, répondit le mollah, somnolent. Faisons comme si nous étions mariés.

– C'est une très bonne idée, dit-elle en riant.

– Bien, dit Nasrudin en se retournant. Maintenant, va chercher ta propre saloperie de couverture !

003. Ça aurait pu être pire !

Le mollah Nasrudin irritait constamment ses amis avec son éternel optimisme. Quelle que soit la gravité de la situation, il disait toujours : "Ça aurait pu être pire."

Pour le guérir de cette fâcheuse habitude, ses amis décidèrent d'inventer une situation tellement obscure, si terrible, que même Nasrudin ne pouvait y trouver aucun espoir. Un jour, en s'approchant de lui au bar du club, l'un d'eux lui dit :

– Mulla, as-tu entendu ce qui est arrivé à Georges ? Il est rentré chez lui hier soir, a trouvé sa femme au lit avec un autre homme, les a tués tous les deux, puis a retourné l'arme contre lui !

– Terrible, dit le mollah. – Mais ça aurait pu être pire.

– Comment ça, demanda son ami abasourdi, ça aurait pu être pire ?
– Eh bien, dit Nasrudin. Si c'était arrivé la nuit d'avant je serais mort maintenant.

004. Préférence

Mulla Nasrudin était chez sa fiancée et avait une discussion sérieuse avec son père.
– Monsieur, je voudrais épouser votre fille, annonça-t-il.
Le père de sa fille le regarda.
– Avez-vous déjà vu ma femme ? demanda-t-il.
– Oh, oui m'sieur, répondit Nasrudin. Mais si ça ne vous dérange pas, je préfère quand même votre fille, monsieur.

005. Bons procédés

Mulla Nasrudin était chez sa fiancée, se faisant inspecter et évaluer par ses parents
– Dites-moi jeune homme, dit sa belle-mère potentielle, si ma fille vous épouse, et que je lui donne une dot substantielle, qu'avez-vous à offrir en retour ?
Le mollah sourit vivement.
– Je vous donnerai un reçu, dit-il.

006. De grâce

Le mollah Nasrudin décida de s'établir dans la vie, et limita son choix entre une belle mais stupide poupée et une chanteuse d'opéra. Il opta pour le cerveau et la culture et épousa la chanteuse. Ils passèrent leur nuit de noces dans un hôtel chic. Lorsque Nasrudin ouvrit les yeux le lendemain matin et que la lumière de l'aube commença à briller sur sa jeune épouse, il la regarda et frissonna et s'écria :
– Chante, pour l'amour de dieu, chante.

007. Réflexion

Tout était prêt pour la cérémonie de mariage. Le marié et le témoin étaient arrivés. Mais le marié, mollah Nasrudin, était mal à l'aise, inquiet.

– Qu'est-ce qui t'inquiète, Mulla ? demanda le témoin. As-tu perdu la bague ?

– Non, répondit Nasrudin avec un soupir. J'ai la bague, mais j'ai perdu mon enthousiasme.

008. Obligation n'est pas plaisir

De retour de vacances, le mollah Nasrudin demanda deux semaines supplémentaires pour se marier.

– Mais tu viens de prendre deux semaines de congé, déclara le patron. Pourquoi tu ne t'es pas marié à ce moment-là ?

– Quoi, et ruiner mes vacances ?

009. Raisons

– Je ne sais pas pourquoi ton père ne m'aime pas, dit-elle au mollah Nasrudin lors de leur réception de mariage.

– Moi non plus, répondit Nasrudin. Après tout, l'argent, le cerveau et l'apparence ne sont pas tout.

010. Suffit

Ils étaient mariés depuis trois mois, et elle lui dit :

– Es-tu satisfait de notre vie de couple, Mulla ?

– Oui, répondit Nasrudin. J'en ai assez.

011. Qualités

C'était leur première dispute. Le mollah s'en sortait mal jusqu'à ce qu'il fasse intervenir la famille de sa femme dans la dispute.

– Ton père est un vieil ivrogne, déclara-t-il avec venin. Ta mère est une harceleuse et ton frère un fainéant.

– Tu ne peux pas dire une seule chose positive sur ma famille ? demanda-t-elle, sarcastique.

– Oui, une seule, répondit Nasrudin. Ils étaient tous opposés à notre mariage.

012. Croyance

– Crois-tu que le clair de lune rend les gens idiots, Mulla ? demanda la mariée après la lune de miel.

– Oui, ma chère, remarqua Mulla Nasrudin derrière son journal du soir. Je t'ai demandée en mariage au clair de lune.

013. Preuves d'amour

Après trois semaines de mariage, elle accusa le mollah Nasrudin de ne pas l'aimer autant que quand ils venaient de se marier.

– Tu avais l'habitude de te lever et d'allumer le feu tous les matins, dit-elle. Et maintenant, tu me laisses me lever et le faire.

– N'importe quoi, mon amour, répondit Nasrudin. Le fait que tu te lèves pour allumer le feu me rend encore plus amoureux.

014. Avertissement

– Bonjour, Mulla. Je ne t'ai pas vu depuis un mois. Tout va bien pour toi ?

– Oh, comme-ci comme ça. Je me suis marié depuis la dernière fois que je t'ai vu, dit Mulla Nasrudin.

– C'est ce que j'ai entendu. Au fait, je connaissais ta femme avant que tu ne l'épouses.

– Eh bien, alors pourquoi ne m'as-tu pas prévenu ? demanda Nasrudin.

015. Défauts

– Maintenant que nous sommes mariés, dit-elle au mollah Nasrudin, peut-être que je peux te montrer quelques-uns de tes défauts.

– Ne te donne pas la peine, ma chère, répondit Nasrudin. Je sais tout sur eux. Ce sont ces défauts qui m'ont empêché d'avoir une meilleure épouse que toi.

016. Petite question
– Es-tu sûr que c'est un certificat de mariage que tu m'as donné le mois dernier ? demanda Mulla Nasrudin.
– Oui, Monsieur, pourquoi ? qu'est-ce qu'il y a ?
– J'ai pensé qu'il y avait peut-être une erreur, vu que je vis une vie de chien depuis.

017. Consolation
Peu après leur retour de lune de miel, les Nasrudin s'installèrent dans leur nouvelle maison, et la mariée était impatiente de mettre en pratique les leçons de cuisine qu'elle avait prises.

En rentrant chez lui un soir, le mollah trouva sa femme en larmes. Entre deux sanglots, il réussit à comprendre que quelque chose de terrible s'était passé.

– Chéri, dit-elle, c'était le premier morceau de viande que je cuisinais pour toi, et le chat l'a mangé.
– C'est bien, mon amour, dit Nasrudin en lui tapotant sur l'épaule. Je te donnerai un autre chat demain.

018. Priorités
En se promenant dans la station balnéaire de son pays, Mulla Nasrudin irradiait le bonheur.

– Mais, Mulla, demanda le barman local, comment se fait-il que tu sois venu ici en lune de miel sans ta femme ?
– Tu es fou ? dit Nasrudin. Si elle venait, qui donc s'occuperait du magasin ?

019. Quantités

La propriétaire de Birmingham voulait faire plaisir à son locataire, Mulla Nasrudin, et le premier jour, elle lui donna deux tranches de pain pour son déjeuner. Le Mulla ne semblait pas satisfait, alors elle lui donna quatre tranches le lendemain, puis six tranches et continua jusqu'à ce qu'il en ait dix. Même cela n'était pas suffisant, alors, désespérée, elle coupa le pain en deux et étala du beurre sur les deux tranches.

Lorsque le mollah arriva ce soir-là, elle lui demanda.

– Tu en as eu assez aujourd'hui, Mulla ?

– Ce n'était pas mauvais, dit Nasrudin à contrecœur, mais je vois que tu ne me redonnes plus que deux tranches.

020. Conseil

Un jour, le mollah Nasrudin donna un très bon conseil à son fils :

– Rien de ce que je dis, mon fils, ne t'empêchera de boire. Tu dragueras les filles, quoi que je pense. Mais avec les femmes, mon garçon, garde cette pensée de ton père à l'esprit -- une à la fois, une à la fois.

021. Alors…

Après chaque boisson, Mulla Nasrudin prenait une grenouille dans sa poche, la posait sur le comptoir du bar et la fixait du regard. Finalement, le barman lui demanda ce qu'il faisait.

– Tu vois, dit le mollah, tant que je peux voir une grenouille, je suis sobre. C'est quand j'en vois deux qu'il faut que je fasse quelque chose.

– Et qu'est-ce que tu fais ?

– Je prends les deux, dit Nasrudin, je les mets dans ma poche et je rentre chez moi.

022. Empressement

Le mollah Nasrudin se rendit en courant à un rendez-vous dans une ville voisine, complètement nu. Les gens lui demandèrent pourquoi.

– J'étais tellement pressé de me préparer que j'ai oublié mes vêtements.

023. Nyctalope
– Je peux voir dans le noir, se vantait Mulla Nasrudin un jour dans le salon de thé.
– Si c'est le cas, pourquoi te voit-on parfois avec une lumière dans les rues ?
– Uniquement pour empêcher les autres de me percuter.

024. **Non mais oh !**
Mulla Nasrudin alla voir un homme riche.
– Donne-moi un peu d'argent.
– Pourquoi ?
– Je veux acheter un éléphant.
– Si tu n'as pas d'argent, tu ne peux pas te permettre de garder un éléphant.
– Je suis venu ici, dit Nasrudin, pour obtenir de l'argent, pas des conseils.

025. Éloge
Lorsqu'un prédicateur livra ce qu'il savait être son pire sermon, il fut surpris d'entendre le Mulla Nasrudin, l'un de ses auditeurs, en faire l'éloge.
– Pourquoi dites-vous cela ? demanda le prédicateur.
– Parce que... dit Nasrudin, je n'aime pas prêcher de quelque manière que ce soit et votre sermon était le plus proche du non-prêche que j'ai jamais entendu de ma vie.

026. Tristesse
Le mollah Nasrudin entra dans un restaurant, laissant la porte ouverte, lorsqu'un autre homme hurla :

– Ferme la porte ! Tu as été élevé avec les cochons ?

Le mollah se retourna, ferma la porte, s'assit et se mis à pleurer. L'autre homme se sentant mal à l'aise, alla voir le mollah et lui dit :

– Je suis désolé de t'avoir blessé.

Le mollah Nasrudin dit :

– Tu ne m'as pas fait de peine, mais ça me rend malade chaque fois que j'entends un crétin brailler.

027. Familier

Mulla Nasrudin était toujours trop occupé pour être avec sa famille. Son excuse était qu'il devait continuer à gagner plus d'argent.

Un jour, le perroquet domestique de sa femme mourut et il en acheta un autre, bien que l'homme de l'animalerie lui dise qu'il venait d'un casino qui venait juste de fermer. L'oiseau était susceptible de dire n'importe quoi, venant d'un endroit où il y avait de l'alcool, des filles et des flambeurs.

– C'est vrai, dit la femme, je vais le redresser.

Elle ramena l'oiseau à la maison, et à son arrivée, elle fut surprise de constater que son mari était déjà à la maison. Elle porta l'oiseau en cage dans la maison, et s'écria "Surprise !" et, sous les yeux de son mari et de ses filles, elle retira le dessus de la cage. Le perroquet regarda autour de lui, cligna des yeux et dit :

– Coco le sait : nouveau bordel, nouvelle Madame, nouvelles filles, mais toujours les mêmes vieux clients. Salut, Nasrudin !

028. Confusion

Lors d'un match de football, un grand homme politique marcha sur le pied de Mulla Nasrudin qui était tellement déterminé à regarder le match qu'il ne leva pas la tête mais dit simplement :

– Retire-toi de mon pied, mon gros.

Puis, reconnaissant le grand homme, le mollah dit :

– Oh, mon dieu, désolé. Je vous demande pardon, monsieur. Voici mon autre pied -- allez-y -- marchez dessus monsieur.

029. Bizarre

Le mollah Nasrudin grimpa dans le potager d'un inconnu et commença à remplir un sac avec tout ce qu'il pouvait trouver.

Un jardinier le vit et accourut.

– Que faites-vous ici ?

– Une rafale de vent m'a fait atterrir jusqu'i ici.

– Et qui a déraciné les légumes ?

– Je m'y suis accroché pour ne pas être emporté par le vent.

– Et comment se fait-il qu'il y ait des légumes dans ce sac ?

– C'est justement ce que je me demandais quand vous m'avez interrompu.

030. Urgent

Mme Hennessy rencontra un vieux copain d'école, Mulla Nasrudin, à Agra (Inde) et décida de l'impressionner.

– Tu sais, soupira-t-elle avec un air désespéré. Nous sommes ici depuis une semaine et je ne suis pas encore allée voir le Taj Mahal.

Le mollah Nasrudin a levé un sourcil choqué.

– Eh bien, n'attends plus, va voir un médecin.

031. Mémoire

– Chérie, dit le mollah Nasrudin à sa femme, as-tu une bonne mémoire des visages ?

– Pourquoi poses-tu une telle question ?

– Parce que je viens juste de briser ton miroir.

032. Suffisamment pour

Mulla Nasrudin et sa femme faisaient du lèche-vitrine pour trouver des meubles pour leur nouvelle maison.

– J'aimerais avoir assez d'argent pour acheter un éléphant, dit le mollah.

– Pourquoi diable veux-tu un éléphant ? demanda sa femme.
– Je n'en veux pas, lui répondit le mollah. J'aimerais juste avoir l'argent pour.

033. Quête
Dans une rue mal éclairée, un homme fut soudain approché par le mollah Nasrudin qui avait surgi de l'ombre à proximité.
– S'il vous plaît, Monsieur, dit le mollah, auriez-vous l'amabilité d'aider un pauvre malheureux qui a faim et n'a pas de travail ? Tout ce que j'ai au monde, c'est cette arme.

034. Notions
Le mollah Nasrudin à son fils :
– Tu ne sais pas ce qu'est le bonheur jusqu'à ce que tu te maries. Et puis alors il est trop tard.

035. Excuse
Mulla Nasrudin :
– Chérie, chérie, il y a un cambrioleur dans la maison.
Mme Nasrudin :
– Que veux-tu que je fasse ? que je me lève et prenne le risque de me faire tuer ?
Nasrudin :
– Non. Mais si tu te lèves le matin et que tu découvres que quelqu'un a fouillé dans ton sac, ne m'en veux pas

036. Motif de la dispute
Deux hommes se disputaient devant la fenêtre du mollah Nasrudin au milieu de la nuit. Nasrudin se leva et s'enveloppa de sa seule couverture et sorti en courant pour essayer d'arrêter le bruit.
Quand il essaya de raisonner les ivrognes, l'un d'eux arracha sa couverture et les deux prirent la fuite

– Pourquoi se disputaient-ils ? demanda sa femme quand il rentra.
– Ça devait être à cause de la couverture, dit le mollah. Une fois obtenue, la dispute a cessé.

037. Vie après la mort

Le mollah Nasrudin errait dans un cimetière. Il trébucha et tomba dans une vieille tombe. Au moment où il commençait à imaginer la sensation d'être mort, il entendit un bruit. Ça lui fit penser à l'Ange de la Reconnaissance qui venait le chercher, bien qu'il ne s'agisse que d'une caravane de chameaux qui passait par là.

Le mollah s'élança et tomba de l'autre côté du mur, écrasant plusieurs chameaux. Les chameliers le battirent avec des bâtons. Il rentra chez lui en courant dans un état de détresse. Sa femme lui demanda ce qui se passait et pourquoi il était en retard.

– J'étais mort, dit le mollah.

Intéressée, elle lui demandé comment c'était.

– Pas mal du tout, dit le mollah, à moins que tu ne déranges les chameaux. Alors on te bat.

038. Mal pour mal

Dans une ruelle sombre, un pickpocket agile essaya de voler le sac du mollah Nasrudin. Le mollah était trop rapide pour lui, et il y eut une violente bagarre. Finalement, Nasrudin réussi à mettre son homme à terre.

À ce moment, une femme charitable en train de passer cria :

– Espèce de brute ! Laisse ce petit homme se lever, et donne-lui une chance.

– Madame, dit Nasrudin d'un air paniqué, vous ne savez pas le mal que j'ai eu à le mettre à terre

039. Politesses

Mulla Nasrudin dépensa une partie de son argent durement gagné pour une croisière de luxe et se vit offrir de partager sa table avec un Français. Lors de leur premier repas ensemble, le Français dit :
– Bon appétit !
Avant le début de chaque repas, la scène se répéta.
– Bon appétit, dit le Français.
– Mulla Nasrudin, répondit l'autre.
Après que cela se soit reproduit ainsi pendant trois jours, Nasrudin en eut assez et en parla à un compagnon de voyage.
– Il me dit qu'il s'appelle Bon Appétit et je lui dis que je m'appelle Mulla Nasrudin, et puis au repas suivant, ça recommence.
Le compagnon de route rit et expliqua au mollah que le Français ne se présente pas et que "Bon appétit" signifie : "J'espère que vous apprécierez votre repas !"
Nasrudin poussa un soupir de soulagement en recevant cette information. Le lendemain matin, au petit-déjeuner, le mollah salua le Français en lui disant "Bon appétit". Le Français hocha la tête poliment et dit :
– MULLA NASRUDDIN.

040. Possible

Le mollah Nasrudin marchait dans la rue, enveloppé dans une robe de deuil bleu foncé. Quelqu'un l'arrêta et lui demanda :
– Pourquoi es-tu habillé comme ça, Mulla, quelqu'un est mort ?
– C'est presque certain, a dit Nasrudin. Ça aurait pu arriver ! Tu sais, sans que j'en aie été informé.

041. Bouchon

Mulla Nasrudin entra dans une pharmacie pour obtenir une bouteille vide. En choisissant celle qui lui convenait, il demanda le prix.

– Eh bien, dit le pharmacien, si vous voulez la bouteille vide, elle vous coûtera six cents, mais si vous y mettez quelque chose, nous ne vous ferons rien payer pour la bouteille.
– OK, dit Nasrudin. Mettez un bouchon.

042. Bons conseils
Un jour, le mollah Nasrudin demanda à son voisin la cause de sa dépression.
– C'est principalement parce que ma belle-mère vit avec nous, dit-il. Elle me rend fou.
Le mollah réfléchit pendant quelques minutes.
– Bien sûr, C'EST STRICTEMENT NON OFFICIEL, dit Nasrudin, mais avez-vous essayé le poison ?

043. Ouais
Belle-mère :
– Ma fille vous a donné les meilleures années de sa vie.
Mulla Nasrudin :
– Alors j'appréhende ce que seront les pires.

044. Vicelard
– Cet après-midi, nous allons essayer ce que l'on appelle des techniques de projection, annonça le psychiatre. Je veux essayer de comprendre comment vous percevez le monde qui vous entoure !
Il dessina rapidement un cercle sur son bloc-notes et le fit glisser sur le bureau.
– Maintenant, à quoi cela vous fait-il penser ?
Le mollah Nasrudin considéra le cercle avec lugubrité.
– Une femme nue, répondit-il.
Le psychiatre dessina un triangle.
– Et ça ?

– Une femme nue assise !

Le psychiatre dessina un carré.

– Et ça ?

– Une femme nue qui fait quelque chose de coquin !

– Bien, bien, bien.... vous êtes certainement préoccupé par le sexe, n'est-ce pas ?

– Arrêtez, docteur, protesta Nasrudin. C'est vous qui faites des dessins scabreux.

045. Chacun les siens

Psychiatre (sur un air enjoué) :

– N'oubliez pas, nous avons tous des problèmes. J'ai mes problèmes, tout comme vous avez les vôtres. Je pense que vous aurez besoin d'un traitement d'au moins un an. Mes honoraires sont de dix guinées par séance.

Mulla Nasrudin (après réflexion) :

– Eh bien, cela semble certainement résoudre votre problème, docteur. Maintenant, et le mien ?

046. Délire

Un psychiatre fut appelé pour une visite à domicile. Il fut accueilli par Mulla Nasrudin, l'homme de la maison.

– C'est ma belle-mère, docteur, chuchota le mollah, anxieux. Elle vit avec nous depuis des années, et elle a toujours été une personne très difficile. Mais récemment, elle s'est plainte qu'il y avait des fils à haute tension reliés à son rocking chair....

– Ne vous inquiétez pas, dit le psychiatre. C'est assez courant chez les personnes âgées. Laissez-moi faire.

– Merci, Docteur, le Mollah souri avec soulagement.

Et puis délicatement :

– Euh…pouvons-nous débrancher les fils maintenant, ou pas ?

047. Question de (bon) sens

Le Mollah Nasrudin avait observé un patient de l'hôpital psychiatrique en train de clouer une clôture et avait été intrigué par le fait que ce dernier se débarrassait d'une grande partie des clous, les jetant avec une exaspération croissante. Finalement, le mollah ne put plus contenir sa curiosité.

– Ces clous ont l'air neufs. Pourquoi continuez-vous à les jeter ? s'interrogea-t-il.

– Pourquoi ? Parce qu'ils sont mal fabriqués, voilà pourquoi ! répondit sèchement l'autre. Presque la moitié d'entre eux ont les pointes du mauvais côté !

– Idiot ! hurla Nasrudin. Tu ne devrais pas les jeter ! Ceux-là sont pour l'autre côté de la barrière !

048. Indécis

Psychiatre :
– Vous avez donc du mal à vous décider ?
Mulla Nasrudin :
– Ben, oui et non...

049. Désarmant

– Je suis un employé de banque, docteur... un homme de famille tranquille, dit Mulla Nasrudin. Je mène une vie irréprochable, je contribue toujours à des œuvres de charité, je suis l'homme de confiance de la mosquée, je n'ai rien à me reprocher. Pourtant, j'ai cette illusion que je suis un tueur en série. C'est ridicule, mais très inquiétant.

– Vous ne devez pas vous inquiéter, dit le psychiatre avec réconfort. C'est assez courant, mon cher Monsieur - surtout chez les inoffensifs et les gens calmes comme vous. Mais avant de continuer, je me demande si ça ne vous dérangerait pas de baisser cette mitraillette.

050. Des actes et des paroles

– Oh, je suis désolé Pasteur ; êtes-vous occupé ? demanda le mollah Nasrudin.

– Non, entrez, Mulla. Je suis juste en train de répéter un de mes sermons.

– Ah ! pratiquer ce que vous prêchez ! dit Nasrudin.

051. Mélodie

– Ne trouves-tu pas le son des cloches de la cathédrale inspirant ? demanda un ami.

– Pardon ? dit le mollah Nasrudin.

– J'ai dit : Tu ne trouves pas le son des cloches de la cathédrale inspirant?

– Peux-tu parler un peu plus fort ?

– **LES CLOCHES... NE T'INSPIRENT-ELLES PAS ?**

– Désolé dit Nasrudin – Je n'entends pas un mot de ce que tu dis à cause de ces maudites cloches !

052. Dehors

Mulla Nasrudin venait de se coucher et était prêt à passer une bonne nuit de sommeil. Mais ça ne devait pas être, le destin en avait décidé autrement. Alors qu'il fermait les yeux, sa femme lui dit :

– Il fait froid dehors. Sors du lit et ferme la fenêtre.

Le mollah l'ignora et a fit semblant de dormir, mais ça échoua.

– Mollah sors du lit et ferme la fenêtre ; il fait froid dehors.

Une fois de plus, il l'ignora mais, après la quatrième fois, il réalisa qu'elle n'abandonnerait pas, et sortit du lit à contrecœur.

Il se traîna jusqu'à la fenêtre et la ferma en la claquant. Il se recoucha, ferma les yeux et dit :

– Alors maintenant, il fait chaud dehors ?

053. Perte

– J'ai perdu mon portefeuille, dit Mulla Nasrudin.
– As-tu regardé dans tes poches ? demanda sa femme.
– Oui, toutes, sauf la poche de la hanche gauche.
– Eh bien, pourquoi ne regardes-tu pas dans celle-ci ?
– Parce que s'il n'y est pas, je tombe raide mort.

054. Égalité

Mulla Nasrudin (dans le fauteuil du barbier) :
– Vous avez un autre rasoir ?
Le barbier :
– Pourquoi ?
Nasrudin :
– Je veux pouvoir me défendre.

055. Querelles

Mulla Nasrudin et le prêtre local se disputaient sans cesse, et finissaient éventuellement par se retrouver au tribunal.
Après avoir écouté les témoignages des deux parties, le magistrat déclara :
– Je suis sûr que cela peut être réglé à l'amiable. Serrez-vous la main, et dites quelque chose en guise de bonne volonté.
Le prêtre serra la main de Nasrudin et lui dit :
– Je vous souhaite ce que vous me souhaitez.
– Vous voyez, Votre Honneur, dit le mollah. IL RECOMMENCE !

056. Préoccupé

Le mollah Nasrudin avait l'air malheureux.
– Quelque chose t'inquiète ? demanda sa femme.

– Écoute, dit le mollah. J'ai tellement de soucis que, si quelque chose devait arriver aujourd'hui, je n'aurais pas le temps de m'en occuper avant le mois prochain.

057. Raisonnable

Le père de Mulla Nasrudin réprimandait son fils parce qu'il était un bon à rien paresseux.

– Quand j'avais ton âge, disait-il, je travaillais seize heures par jour pour apprendre le métier.

– Je suis très fier de toi, papa, répondit Mulla Nasrudin. Si tu n'avais pas été aussi ambitieux et persévérant, il aurait fallu que je le sois.

058. Juré craché

Mulla Nasrudin emmène son jeune fils au cinéma, mais n'acheta qu'un seul ticket. L'ouvreuse lui fit remarquer qu'il avait besoin d'un billet pour le garçon, et Nasrudin lui dit :

– Je te donne ma parole d'honneur qu'il ne regardera pas.

059. Flegme

Le mollah Nasrudin était dans un taxi quand les freins lâchèrent.

– À l'aide ! s'écria le chauffeur en panique. Je ne peux pas arrêter la voiture.

– Bah, dit Nasrudin calmement. Tu ne peux pas au moins stopper le compteur ?

060. Confiance

Mulla Nasrudin et sa femme allèrent en Israël pour leurs vacances, et visitèrent une boîte de nuit à Tel-Aviv. Le comédien à l'affiche, fit tout son numéro en hébreu. La femme de Nasrudin assista en silence au spectacle du comique, mais Nasrudin éclatait de rire à la fin de chaque blague.

– Je ne savais pas que tu comprenais l'hébreu, dit-elle au mollah quand le comédien eut terminé son numéro.

– Je ne comprends pas, répondit Nasrudin.

– Eh bien, comment se fait-il que tu aies autant ri à ses blagues ?
– Ah, dit Nasrudin. J'avais confiance en lui.

061. Patience
– Écoute, dit le champion d'échecs irrité, au mollah Nasrudin ; tu as regardé par-dessus mon épaule pendant trois heures. Pourquoi n'essayes-tu pas de jouer une partie toi-même ?
– Ah, dit Nasrudin. Je n'ai pas la patience.

062. Âge
Le Mulla Nasrudin avec un nouveau chapeau descendait la rue. Soudain, il se mit à pleuvoir.

Afin de sauver son nouveau chapeau, il attrapa sa robe et recouvrit son chapeau. De nombreux piétons furent surpris de voir le Mulla agir ainsi. Un homme s'approcha de lui et lui dit :

– Mulla, je suis désolé de le dire mais ton anatomie est découverte.

Nasrudin regarda l'homme et lui dit :

– Eh bien, Monsieur, ne réalisez-vous pas que mon chapeau est neuf alors que mon anatomie est vieille !

063. Alternative
C'était une fête très gaie - le vin, le whisky et la bonne humeur coulaient à flots. Un serveur obséquieux présenta un plateau de boissons alcoolisées à un homme solennel à l'air sévère, manifestement un homme du clergé. Le Père le regarda sévèrement et dit :

– Non, merci. Je ne bois pas.

Le serveur se retira, mais assez vite, un autre apparut sur les lieux avec un second plateau. L'homme de foi lui jeta un regard méprisant :

– Ne savez-vous pas que je ne bois pas ?

Puis ajouta :

– Je préfère commettre un adultère que de boire de l'alcool.

Mulla Nasrudin, son voisin, sirotant tranquillement son scotch, se leva rapidement, posa le verre et s'exclama :
– Mon Dieu, je ne savais pas qu'il y avait le choix !!!

064. Argument
Le mollah Nasrudin empêcha sa femme de sauter d'un pont.
– Si tu sautes, supplia-t-il, je devrais sauter après toi. Il fait terriblement froid et pendant que nous attendrons l'ambulance, nous allons attraper une pneumonie et mourir. Maintenant, s'il te plaît, sois une bonne épouse et va te pendre.

065. Devin ?
– Mon père, se vantait Mulla Nasrudin dans le train, il savait l'année, le mois et l'heure où il allait mourir.
– Mon Dieu ! s'exclama l'un des spectateurs. Comment le savait-il ?
– Le juge lui a dit, répondit Nasrudin.

066. Divin
Mulla Nasrudin et ses deux amis parlaient de ressemblance.
Le premier :
– Je ressemble à Winston Churchill. On m'a souvent pris pour lui.
Le deuxième :
– Dans mon cas, les gens pensent que je suis le président Nixon et me demandent un autographe.
Mulla Nasrudin :
– Ce n'est rien. Dans mon cas, on m'a pris pour Dieu lui-même !
Les deux autres en chœur :
– Comment ?
Mulla Nasrudin :
– Eh bien, quand j'ai été condamné et envoyé en prison la quatrième fois, le geôlier, en me voyant, s'est exclamé : – oh, mon dieu, tu es

revenu !

067. Souhait

Le mollah Nasrudin, à qui l'on avait remis une flasque de vieux whisky rare, marchait à vive allure sur la route de la maison, quand arriva une voiture qu'il ne put éviter à temps. Il se leva et boitait sur la route, lorsqu'il remarqua que quelque chose de chaud et d'humide lui coulait sur la jambe.

– Oh, Seigneur, s'exclama-t-il, j'espère que c'est du sang !

068. Jumeaux

Des vrais jumeaux, habillés exactement de la même façon, s'arrêtèrent dans un bar pour prendre un verre. Le mollah Nasrudin leur passa devant en titubant, s'arrêta pour les regarder avec perplexité, puis commanda un autre verre.

Finalement, l'un des jumeaux rit et dit :

– Ne te laisse pas abattre, vieil homme ; tu es plutôt en forme. Nous sommes jumeaux.

Nasrudin jeta un autre regard et dit :

– TOUS LES QUATRE ?

069. Définition

Mulla Nasrudin fût arrêté dans un autre État et ramené chez lui après c'être vaillamment défendu pour surseoir à son extradition. Le juge, au regard sévère, l'agressa verbalement sur sa personnalité et sa conduite.

– Je ne peux concevoir un acte plus méchant, plus méprisable et plus lâche que le vôtre, conclut-il. Vous avez fui votre femme. Savez-vous ce que cela fait de vous ? Réalisez-vous que vous êtes un déserteur ?

– Votre Honneur, dit le mollah, si vous connaissiez cette dame comme je la connais, vous ne m'appelleriez pas déserteur. Si je dois être quelque chose, c'est un réfugié.

070. Vraisemblance
– Ma femme a disparu de la maison, déclara Mulla Nasrudin à son ami de salon de thé.
– As-tu donné sa description à la police ? demanda l'un d'entre eux.
– Non.... Ils ne m'auraient jamais cru, dit Nasrudin avec beaucoup de tristesse.

071. Talent
Mulla Nasrudin :
– Eh bien, Monsieur, le motif, c'est qu'il m'a fallu dix ans pour découvrir que je n'avais absolument aucun talent pour écrire de la littérature.
Ami :
– Tu as abandonné ?
Nasrudin :
– Oh, non. À cette époque, j'étais trop célèbre.

072. Délégué
Mulla Nasrudin postula le poste de gardien de nuit à l'usine. Le patron l'examina attentivement.
– Le genre de personne qu'il nous faut pour ce travail, dit finalement le patron, est une personne dure, courageuse, agressive, méfiante, toujours à l'affût des problèmes et prête à l'affrontement en cas de violence. Très franchement, vous ne semblez pas correspondre au profil recherché.
– Oh, ce n'est pas grave, expliqua Nasrudin. Je suis seulement venu postuler le poste de la part de ma femme.

073. Recommandation
– C'est bizarre que vous ne soyez pas venu me voir avant ! aboya le médecin au Mulla Nasrudin. Avez-vous consulté un autre médecin à propos de votre état ?

– Non, Monsieur, balbutia le mollah. Seulement le pharmacien.

– Bon Dieu, grogna le docteur, vous n'avez donc pas de jugeote ? Cela montre à quel point les gens peuvent être stupides ! Le pharmacien n'est pas médicalement qualifié. Vous aviez tort de le consulter ! Et quelles absurdités vous a-t-il racontées ?

– Il m'a dit de venir vous voir, dit Nasrudin.

074. Insomnies

Le mollah Nasrudin alla voir le médecin pour se plaindre d'insomnie.

– Vous ne dormez pas du tout la nuit ? demanda le médecin.

– Oh, je dors comme une souche la nuit, admis le mollah, et je dors assez bien le matin. Mais j'ai souvent du mal avec la sieste l'après-midi.

075. Efficacité

Le médecin :

– Ce régime minceur que j'ai recommandé à votre femme était-il satisfaisant ?

Mulla Nasrudin :

– Très. Il y a trois semaines, elle a complètement disparu !

076. Documentation

– Que lisez-vous ? demande le bibliothécaire de la prison.

– Rien de spécial, répondit Mulla Nasrudin, le prisonnier. Juste la littérature habituelle sur l'évasion.

077. Comparaison

– Salut, Mulla, salua un ami. Comment va ta femme ?

– Par rapport à qui ou quoi ? répondit Mulla Nasrudin.

078. Ange ou démon
– Ma femme est un ange, Mulla.
– Tu as de la chance, dit Mulla Nasrudin. La mienne est toujours en vie.

079. Conversion
– Je crois comprendre que votre femme vous a converti à la religion, Mulla ?
– Oh, oui, dit Mulla Nasrudin. Je ne croyais pas à l'enfer avant de l'épouser.

080. Recette
– Je pense que ma femme devient lentement folle, confia Mulla Nasrudin au psychiatre.
– Eh bien, que voulez-vous que j'y fasse ? demanda le psy.
– Je me demandais si vous pourriez me suggérer quelque chose pour accélérer le processus, a déclaré le Mollah avec désinvolture.

081. Justification
Après un premier entretien intensif avec le Mollah Nasrudin, un psychiatre dispose d'une liste écrite d'instructions et d'une carte de rendez-vous hebdomadaire. Quinze jours plus tard, il téléphone au mollah pour savoir pourquoi il n'a pas pu se présenter au rendez-vous suivant.
– Pourquoi ? Docteur, proteste Nasrudin, une de vos instructions indique que je dois éviter les personnes qui m'irritent !

082. Bonne question
Une femme rencontra Mulla Nasrudin, un vieil ami, à la porte de son psychiatre.
– Quelle coïncidence ! s'écria-t-elle. Nous devrions prendre une tasse de thé ensemble ! Dis-moi, tu viens ou tu pars ?

– Si je le savais, répondit Nasrudin d'un ton maussade. Je ne serais pas ici, n'est-ce pas ?

083. Miracle
Le mollah Nasrudin tentait de faire passer clandestinement un pot de whisky à la frontière de son pays. Quand on lui demanda ce que contenait le bocal, il répondit :
– De l'eau bénite.
L'agent des douanes insista pour l'ouvrir et le renifler.
– Mon Dieu, mec, c'est du whisky ! dit-il
– Loués soient les saints ! s'écria le mollah. – UN MIRACLE !

084. Et pourtant…
Le mollah Nasrudin essayait de décrire ses symptômes à un médecin impatient.
– C'est une sorte de douleur lancinante dans mon épaule droite. Docteur. J'ai cette douleur quand je me penche en avant, que j'étends un bras, puis l'autre, lève mes coudes, que je hausse les épaules, et puis quand je me redresse.
– Je suppose qu'il ne vous est pas venu à l'esprit que vous pourriez éviter cette mystérieuse douleur simplement en n'effectuant pas une série de mouvements aussi absurdes, dit le médecin en ricanant.
– Cela m'est venu à l'esprit, docteur, lui assura le mollah. Mais je ne voyais pas d'autre moyen de mettre mon pardessus.

085. Rigueur
Le Mulla Nasrudin s'est fait dire par son médecin d'arrêter de boire.
– Je ne peux pas arrêter comme ça, Docteur ! se lamentait le mollah. Ça me tuerait.
– Hummm.... vous avez probablement quelque chose, dit le docteur. Nous allons faire un compromis alors, et le faire progressivement.

Pendant la semaine prochaine, vous pourrez boire quatre doubles scotchs par jour. Pas plus. La semaine suivante, nous réduirons à trois, et la semaine d'après à deux.

Nasrudin sortit en titubant et revint une semaine plus tard, fin soûl.

– À quoi croyez-vous jouer, vitupéra le médecin. Je vous ai dit de réduire à quatre doubles scotchs par jour.

– Je l'ai fait, docteur, vous avez ma parole, dit le mollah.

– Comment se fait-il alors que vous soyez dans cet état d'ébriété épouvantable ?

– Eh bien, Docteur, c'est comme ça, dit Nasrudin. Après vous avoir quitté la semaine dernière, j'ai demandé un deuxième avis à un autre médecin, et il a prescrit le même traitement …

086. Cocktails

Un prédicateur faisait un sermon sur les dangers de l'alcool au volant.

– Souvenez-vous, mes amis, dit-il à l'assemblée, le whisky et l'essence ne se mélangent pas.

– Ils se mélangent, murmura Mulla Nasrudin à son voisin, à l'arrière de la mosquée, – mais ils ont un goût désagréable.

087. Les bras m'en tombent !

Mulla Nasrudin, un naufragé, fut rejeté sur le rivage après de nombreux jours en pleine mer. L'île sur laquelle il échoua était peuplée de sauvages cannibales qui l'attachèrent, étourdi et épuisé, à un épais pieu. Ils lui coupèrent ensuite les bras avec leurs lances et burent son sang. Cela continua pendant plusieurs jours jusqu'à ce que le mollah ne puisse plus le supporter.

Il appela le roi cannibale et lui dit :

– Vous pouvez me tuer, mais cette torture avec les lances doit cesser. Bon sang, je suis fatigué d'être empêché pour boire.

088. Avant que ça commence

Mulla Nasrudin se précipita dans un pub et dit :

– Vite.... donnez-moi un triple whisky et deux pintes de votre meilleure bière traditionnelle ! Je dois boire un verre avant que les ennuis commencent !

Le barman effrayé versa à la hâte les boissons que le mollah descendit en un clin d'œil.

– Alors, dit le barman, – de quoi s'agit-il ? Quand les ennuis vont-ils commencer ?

– Tout de suite ! répondit Nasrudin. Je ne peux pas payer mes consommations !

089. Caution

– Y a-t-il une raison pour laquelle le conseil ne devrait pas vous enrôler dans l'armée, Mulla ?

– Oui, j'ai une vue défectueuse, dit le mollah Nasrudin.

– Pouvez-vous justifier cette affirmation ?

– Eh bien... Voici une photo de ma femme.

090. Sagesse

– Père, je veux me marier, annonça un matin le fils de Mulla Nasrudin.

– Non, mon garçon, tu n'es pas assez sage, dit le mollah.

– Quand serai-je assez sage ? demanda le garçon.

– Quand tu seras débarrassé de l'idée de vouloir te marier, répondit Nasrudin.

091. Appareil

La femme de Mulla Nasrudin avait du mal à s'endormir et, à trois heures du matin, elle réveilla le Mulla et lui dit :

– Mulla, tu ne me fais jamais l'amour comme tu le faisais lorsque nous nous sommes mariés il y a quarante ans.

– S'il te plaît, chérie, répondit le mollah, j'ai une journée chargée demain. Va te coucher.

– Mais, persista-t-elle, tu étais un romantique avant. Tu me mordais les doigts, le cou, les oreilles... Pourquoi ne le fais-tu plus ?

– Chérie, expliqua le mollah avec lassitude, ces bêtises sont pour les jeunes mariés. Nous sommes trop vieux.

– Juste une fois, tu devrais me mordre comme tu l'as fait il y a quarante ans.

– Très bien, dit le mollah en sortant du lit en bâillant.

– Mais où vas-tu ? demanda sa femme.

– À la salle de bain chercher mes dents, dit Nasrudin.

091. Soliloque

Lorsqu'on demanda au vieux mollah Nasrudin pourquoi il se parlait à lui-même, il répondit :

– C'est parce que, en premier lieu, j'aime parler à un homme intelligent, et en second lieu, parce que j'aime entendre parler un homme intelligent.

093. En forme

– Vous semblez assurément en excellente santé, dit le jeune médecin à l'octogénaire, Mulla Nasrudin. Quel est votre secret ?

– J'ai arrêté la boisson et les femmes docteur, dit fermement le vieux mollah. Je ne suis jamais sorti avec une fille et je n'ai jamais touché une goutte de toute ma vie.

C'est alors qu'il y eut un accident et qu'une femme terrifiée se mit à crier depuis la pièce voisine.

– Que se passe-t-il ? demanda le docteur, alarmé.

– C'est mon père qui court après la bonne, dit d'un ton brusque la barbe grise. Il est encore saoul !

094. Usage approprié

Elle n'approuvait pas le fait de fumer et lorsque Mulla Nasrudin, le nouveau venu, monta dans la voiture et alluma sa pipe, elle ne put s'empêcher de le prévenir.

– Savez-vous que mon mari a soixante ans et qu'il n'a jamais mis une pipe dans sa bouche ?
– Madame, dit Nasrudin. J'ai soixante-cinq ans et je ne la mets jamais nulle part ailleurs.

095. Longévité
Quand le mollah Nasrudin eut 90 ans, on lui demanda comment il avait réussi à avoir une si longue vie.
– Je crois, dit le mollah, que c'est dû au fait que je n'ai jamais fumé, bu ou touché une fille - jusqu'à l'âge de neuf ans.

096. Coopération
– Mulla, demanda un homme rencontrant le vieux Mulla Nasrudin, qui était toujours insouciant malgré le fait qu'il avait eu plus que sa part de problèmes dans la vie, comment faites-vous pour rester aussi joyeux et calme ?
– Ben, répondit Nasrudin. J'ai juste appris à coopérer avec l'inévitable.

097. Inachevé
Mulla Nasrudin supervisa la construction de sa propre tombe. Enfin, après avoir remédié à une erreur après l'autre, le maçon vint chercher son paiement.
– Ce n'est pas encore juste, maçon, dit le mollah.
– Que peut-on en faire de plus ? demanda le maçon.
– Nous devons encore fournir le corps, dit Nasrudin.

098. Héritier
– Et as-tu fait ton testament, Mulla ?
– Je l'ai fait, dit Mulla Nasrudin. Toute ma fortune va au médecin qui me sauve la vie.

099. Testament

Avant sa mort, le mollah Nasrudin rédigea ce testament.

– La loi prescrit que mes héritiers doivent recevoir certaines proportions fixes de mes biens et de mon argent.

JE N'AI RIEN : QUE CELA SOIT DIVISÉ SELON LES FORMULES ARITHMÉTIQUES DE LA LOI. CE QUI RESTE DOIT ÊTRE DONNÉ AUX PAUVRES.

100. Retard

Scène : Les portes du paradis. Saint Pierre interroge un nouvel arrivant.

Saint Pierre : Nom ?

Nouvel arrivant : Mulla Nasrudin.

Saint Pierre : Avez-vous déjà joué, bu ou fumé lorsque vous étiez sur terre ?

Nasrudin : Non.

Saint Pierre : Avez-vous jamais volé, menti, triché ou juré ?

Nasrudin : Non - Non.

Saint Pierre : Aviez-vous des mœurs légères ?

Nasrudin : Non - Oh, non.

Saint Pierre : Alors dites-moi... Qu'est-ce qui vous a retenu aussi longtemps ?

101. La dot

Un riche fermier avait désespérément essayé de marier ses filles. Un jour, il rencontra le mollah Nasrudin.
– J'ai plusieurs filles, dit le fermier au mollah. J'aimerais qu'elles soient confortablement installées. Et je dirai ceci : elles n'iront pas non plus chez leur mari sans un peu d'argent à la banque. La plus jeune a vingt-trois ans et elle apportera 125 000 dollars avec elle. La suivante a trente-deux ans, et elle apportera 250 000 dollars avec elle. La troisième a quarante-trois ans et elle sera dotée de 375 000 dollars.
– C'est intéressant, dit Nasrudin. Je me demandais juste si tu en avais une d'une cinquantaine d'années.

102. Bon sens

La jeune femme nourrissait de grands espoirs depuis deux ans alors que le mollah Nasrudin restait silencieux sur la question du mariage. Un soir, il lui dit :
– J'ai fait un rêve très inhabituel la nuit dernière. J'ai rêvé que je demandais à t'épouser. Je me demande ce que cela signifie.
– Ça veut dire, dit sa petite amie, que tu as plus de sens endormi que tu n'en as éveillé.

103. Religion

La famille de Mulla Nasrudin était bouleversée car la fille qu'il prévoyait d'épouser était athée.
– Nous ne te laisserons pas épouser une athée, dit sa mère.
– Que puis-je faire ? Je l'aime, dit le jeune Nasrudin.
– Eh bien, dit sa mère, si elle t'aime, elle fera tout ce que tu lui demanderas. Tu devrais lui parler de religion. Si tu persévères, tu peux la convaincre.
Plusieurs semaines passèrent, puis un matin, au petit-déjeuner, le jeune Mulla semblait absolument désespéré.
– Qu'est-ce qu'il y a ? lui demanda sa mère. Je pensais que tu faisais des progrès dans tes discussions sur la religion avec ta jeune copine.

– C'est le problème, dit Nasrudin. J'en ai trop fait. Hier soir, elle m'a dit qu'elle était tellement convaincue qu'elle allait étudier pour devenir bonne sœur.

104. Choix

Mulla Nasrudin appelait sa petite amie depuis plus d'un an. Un soir, le père de la fille l'arrêta alors qu'il partait et lui demanda :
– Écoute, jeune homme, tu vois ma fille depuis un an maintenant, et je voudrais savoir si tes intentions sont honorables ou déshonorantes ?
Le visage de Nasrudin s'illumina.
– Voulez-vous dire, monsieur, que j'ai le choix ?

105. Soucis

La mère de Nasrudin, inquiète de la sécurité de son fils, lui dit :
– N'ai-je pas dit que tu ne devais pas laisser cette fille venir dans ta chambre hier soir ? Tu sais à quel point ce genre de choses m'inquiète.
– Mais je ne l'ai pas invitée à venir dans ma chambre, lui dit Nasrudin. C'est moi qui suis allé dans la sienne. Maintenant tu peux laisser sa mère gérer les soucis.

106. Embarras

– Eh bien, jeune homme, je comprends que tu veuilles devenir mon gendre, dit le père au petit ami de sa fille, Mulla Nasrudin.
– Non, monsieur, pas exactement, répondit Nasrudin. Mais si j'épouse votre fille, je ne vois pas comment je pourrais faire autrement.

107. Améliorations

Le mollah Nasrudin parlait à un ami de sa récente rupture amoureuse.
– Veux-tu dire, demanda l'ami, qu'à sa demande, tu as arrêté de boire, de fumer, de jouer, de danser et de jouer au billard ?
– Oui, juste parce qu'elle a insisté, répondit le mollah.
– Alors pourquoi ne l'as-tu pas épousée ? demanda l'ami.

– Eh bien, après toutes ces transformations, dit Nasrudin, j'ai décidé que je pouvais prétendre à mieux.

108. Stupide

Une petite amie, lors d'un cocktail, dit au mollah Nasrudin :
– Je continue à t'entendre utiliser le mot "stupide" ; j'espère que tu ne parles pas de moi.
– N'en sois pas si convaincue, dit le mollah. Comme s'il n'y avait pas d'autres idiots dans le monde !

109. La pêche

Le mollah Nasrudin s'assit pour pêcher dans un seau d'eau. Un passant, souhaitant se montrer amical, demanda :
– Combien en avez-vous attrapé ?
– Vous êtes le neuvième, répondit Nasrudin.

110. Flatterie

La jeune femme s'étant fâchée contre son petit ami, Mulla Nasrudin, lui lança :
– Tu es un parfait idiot !
– N'essaye même pas la flatterie, dit Nasrudin. Aucun de nous n'est parfait !

111. Éclairé

Une nuit, le père du mollah Nasrudin remarqua une lumière dans sa grange. Il alla voir de quoi il s'agissait et il a trouva Nasrudin avec une lanterne, habillé sur son trente-et-un.
– Que fais-tu habillé et avec cette lanterne ? demanda son père.
– Je vais voir ma petite amie, papa, dit Nasrudin. Je dois passer par les bois et il fait nuit.
– Quand j'avais ton âge et que je suis allé voir ma femme pour la première fois, dit le père, je suis allé dans les bois sans lanterne.
– Je sais, dit Nasrudin, mais regarde ce que tu as récolté, papa !

112. Vaines promesses
– Chéri, dit la jeune femme, je pourrais mourir pour toi.
– Tu promets toujours ça, dit Mulla Nasrudin, - mais tu ne le fais jamais.

113. Discours
Le mollah Nasrudin, qui n'était pas vraiment habitué à parler en public, se leva dans la confusion après le dîner et murmura avec hésitation :
– M-m-mes z-z-amis, quand je suis venu ici ce soir, seul Dieu et moi-même savions ce que j'allais vous dire et maintenant seul Dieu le sait !

114. Récompense
Après le premier dîner de la mariée, elle demanda à son mari, Mulla Nasrudin :
– Maintenant, mon cher, qu'est-ce que j'aurai si je vous prépare un dîner comme ça tous les jours ?
– Mon assurance-vie, répondit Nasrudin.

115. Tommy
Le jeune père poussait le bébé en pleurs dans la rue avec ce qui semblait être un calme absolu et de l'assurance. Les gens dans la rue pouvaient entendre ce qu'il disait quand il passait.
– Calme-toi, Nasrudin, disait-il. Ne te laisse pas abattre, Nasrudin, tu seras bientôt en sécurité chez toi. Tout ira bien, Nasrudin, si tu restes calme.
Une femme, du genre maternel, qui attendait un bus, entendit et vit le jeune père et lui dit :
– Je pense que vous êtes merveilleux dans la façon dont vous vous occupez du bébé.
Puis elle se pencha vers le bébé et lui dit :
– Maintenant, ne pleure pas, Nasrudin, tout va bien se passer.
– Madame, dit le père, vous avez tout faux. Il s'appelle Tommy -- JE SUIS NASRUDIN.

116. Méprise
Mulla Nasrudin, qui venait de passer son test pour son certificat de secourisme, était sur le chemin du retour. Soudain, il vit un homme allongé face contre terre dans la rue. Sans réfléchir, il se jeta sur l'homme et commença la respiration artificielle. Au bout d'un moment, l'homme leva la tête et dit :
– Monsieur, je ne sais pas ce que vous essayez de faire mais j'essaie de trouver un fil dans cette bouche d'égout.

117. Handicap
La dame était désolée de voir Mollah Nasrudin avec des béquilles, mais ne put résister à la tentation de lui faire la leçon.
– Ce doit être terrible d'être boiteux, dit-elle, mais pensez à quel point c'est pire d'être aveugle.
– C'est vrai, Madame, dit le mollah. Quand j'étais aveugle, les gens me refilaient de la fausse monnaie.

118. Égards
– Je n'ai pas à me plaindre, dit le jeune homme débraillé, Mulla Nasrudin, en écoutant un autre jeune homme négligé décrire son expulsion d'une salle de danse. Ils m'ont bien traité.
– Comment ça, ils t'ont bien traité, dit l'autre jeune homme. Ils t'ont jeté dehors, n'est-ce pas ?
– Oui, concéda Nasrudin, ils m'ont jeté par la porte de derrière, mais quand j'ai dit au videur que ma famille était inscrite au registre social, il m'a pris doucement, m'a brossé et m'a escorté jusqu'à la salle de danse. Puis il m'a jeté dehors par la porte de devant.

119. Sobriété
La jeune femme de Mulla Nasrudin, récemment revenue de sa lune de miel, se plaignait auprès de son ami des habitudes de boisson de son mari.
– Si tu savais qu'il buvait, pourquoi l'as-tu épousé ? lui demanda son amie.
– Je ne savais pas qu'il buvait, a dit la femme de Nasrudin, jusqu'à ce qu'il rentre un soir sobre.

120. Intérêt
– Tu ne m'aimes plus, dit la femme de Mulla Nasrudin en larmes. Quand tu me vois pleurer, tu ne me demandes jamais pourquoi.
– Je suis désolé, chérie, dit Nasrudin, mais ce genre de question m'a déjà coûté une fortune.

121. Le père
La charrette de foin s'était renversée sur la route et le jeune conducteur, Mulla Nasrudin, était terriblement inquiet à ce sujet. Un fermier au grand cœur lui dit d'oublier ses soucis et de venir dîner avec lui et sa famille.
– Nous allons ensuite redresser le chariot, dit le fermier.
Le mollah dit qu'il ne pensait pas que ça plairait à son père.
– Oh, ne t'inquiète pas pour ça, dit le fermier. Tout ira bien.
Après le dîner Nasrudin dit qu'il se sentait mieux et remercia le fermier.
– Mais, dit-il, je ne pense toujours pas que ça plaira à mon père.
– Oublie ça, dit le fermier. Au fait, ajouta-t-il : Où est ton père ?
– Il est sous la charrette de foin ! dit Nasrudin.

122. Religion
Mulla Nasrudin s'apprêtait à postuler un emploi dans un grand magasin local. Un ami lui a dit que la politique du magasin était de n'engager que des chrétiens catholiques et que s'il voulait y travailler, il devrait mentir et se déclarer comme appartenant à la religion catholique.
Nasrudin posa sa candidature et le responsable du personnel lui posa les questions habituelles. Puis il a dit au mollah :
– Et à quelle église appartenez-vous ?
– Je suis catholique, répondit Nasrudin. Et toute ma famille est très catholique. En fait, mon père est curé et ma mère est bonne sœur, monsieur.

123. Avantages
Mulla Nasrudin faisait une demande d'emploi.

– La compagnie paie-t-elle pour mon hospitalisation ? demanda-t-il.
– Non, c'est à votre charge, dit le directeur du personnel. Nous le déduisons de votre salaire chaque mois.
– Le dernier endroit où j'ai travaillé, ils payaient pour cela, dit le Mulla.
– C'est inhabituel, dit le chef du personnel. Combien de congés avez-vous pris ?
– Six semaines, répondit le mollah.
– Avez-vous reçu une prime ? demanda le chef du personnel.
– Oui, répondit le mollah. De plus, nous avons eu droit à une prime annuelle, une dinde pour Thanksgiving, une voiture de fonction et on nous organisait un grand barbecue chaque année.
– Pourquoi êtes-vous partis ? demanda le directeur du personnel.
– Ils ont fait faillite, répondit Nasrudin.

124. Danger
Mulla Nasrudin monta sur le pont supérieur d'un bus à impériale. Quelques minutes plus tard, il descendit les marches en titubant et en marmonnant.
– Il y a un problème ? demanda le chauffeur.
– C'est dangereux là-haut, dit Nasrudin. Pas de conducteur.

125. Idiote
Mulla Nasrudin et sa femme se disputaient.
– J'étais idiote de t'avoir épousé, dit la femme.
– J'imagine bien que tu l'étais, répondit Nasrudin, mais j'étais tellement épris à ce moment-là que je ne l'avais pas remarqué.

126. Héritage
L'homme le plus riche de la ville décéda. Le lendemain matin, un autre vieil homme riche, et particulièrement avare, dit au mollah Nasrudin :
– Je me demande combien il a laissé derrière lui.
Le mollah Nasrudin rit et dit :
– Chaque centime, monsieur.

127. Logique
Le mollah Nasrudin disait toujours : Chaque homme devrait avoir au moins une femme, car il y a des choses qui ne peuvent pas être reprochées au gouvernement.

128. Aises
Le mollah Nasrudin venait d'arriver à l'hôtel.
– Bienvenue, dit le réceptionniste. Nous voulons que vous sachiez que vous êtes le bienvenu. Nous allons faire tout notre possible pour vous mettre à l'aise et vous aider à vous sentir chez vous.
– S'il vous plaît, n'en faites rien, dit le mollah. J'ai quitté la maison pour changer d'environnement. Pour les prochains jours, je veux me sentir comme si j'étais dans une station balnéaire.

129. Offre
La dame dit au mollah Nasrudin qui se tenait à la porte :
– Vous a-t-on déjà offert du travail ?
– Une seule fois, Madame, dit Nasrudin. À part ça, je n'ai jamais rien rencontré d'autre que de la gentillesse.

130. Confidences
Le juge interrogeait le mollah Nasrudin.
– Je comprends que votre femme ait une peur bleue de vous, a-t-il dit.
– C'est vrai, Votre Honneur, dit le mollah.
Le juge se pencha et lui murmura à l'oreille :
– D'homme à homme, dit-il : Comment faites-vous ?

131. Chances
L'homme à qui mollah Nasrudin avait demandé l'aumône dans la rue lui dit :
– Vous auriez plus de chance de trouver un emploi si vous vous rasiez et vous laviez.
– Oui, Monsieur, dit le mollah. Je m'en suis rendu compte il y a bien des années.

132. Fou
Le mollah Nasrudin se présenta au directeur de l'hôpital psychiatrique et lui demanda :
– Est-ce que par hasard l'un de vos patients masculins s'est échappé récemment ?
– Pourquoi cette question ? dit le directeur.
– Parce que, dit le Mollah, quelqu'un s'est enfui avec ma femme.

133. La bonne question
Le mollah Nasrudin discutait avec son maître qui s'était mis à l'art.
– Quand je regarde un de vos tableaux, Monsieur, dit-il, tout ce que je peux faire, c'est rester debout et me poser des questions
– Tu te demandes comment je fais ? demanda le maître.
– Non, dit Nasrudin : juste pourquoi vous le faites.

134. Conseil
Le mollah Nasrudin s'approcha d'un homme âgé d'apparence distinguée en lui racontant ses malheurs et en lui demandant de l'aide. Le vieil homme refusa en disant :
– Je suis désolé, mon ami, je n'ai pas d'argent, mais je peux vous donner un bon conseil.
Le mollah dit d'un ton dégoûté :
– Non merci, si vous n'avez pas d'argent, je ne pense pas que votre conseil soit valable, monsieur.

135. Patron
Un homme a dit à son ami Mulla Nasrudin :
– Qui est le maître chez toi ?
– Eh bien, dit Nasrudin, ma femme commande aux enfants, aux domestiques, au chien et à la perruche. Mais je dis à peu près ce que je veux au poisson rouge.

136. Comptes
Un jeune homme venait d'avoir son brevet de pilote privé. Il voulait se faire remarquer et persuada le mollah Nasrudin de monter avec lui. Quand ils atterrirent, le mollah dit :

– Merci pour les deux tours.
– Comment ça, deux tours, oncle ? demanda le jeune homme. Tu n'en as fait qu'un.
– Oh non, dit Nasrudin. – DEUX. MON PREMIER ET MON DERNIER.

137. Malheurs
Mulla Nasrudin était allongé à côté de la voiture accidentée avec une jambe cassée. Il se faisait interroger par la police de la route.
– Marié ? demanda le patrouilleur.
– Non, dit Nasrudin. C'est le pire pétrin dans lequel j'ai jamais été.

138. Référence
La femme au foyer donna un sandwich à Mulla Nasrudin, mais lui demanda :
– N'as-tu pas pu trouver de travail ?
– Oui, madame, il y a beaucoup de travail, dit le mollah, mais tout le monde veut une référence de mon dernier employeur.
– Tu ne peux pas en obtenir une ? lui demanda-t-elle.
– Non, dit Nasrudin. Ça fait bien vingt ans qu'il est mort.

139. Considérations
– Que s'est-il passé au pique-nique hier ? demanda un homme au mollah Nasrudin. Ils disent à la taverne que tu as agi comme un lâche.
– Eh bien, je ne suis pas idiot, dit le mollah. Des filles avaient trouvé un gros nid de frelons en haut d'un arbre et m'ont mis au défi de grimper pour le récupérer. Et je ne l'ai pas fait, c'est tout.
– Que tu aies été intelligent ou non, dit l'ami, ce genre de chose te rend peu honorable par ici.
– C'est vrai, dit Nasrudin, mais je suis aussi sain et sauf.

140. Motif
La femme de Mulla Nasrudin lui dit lors d'un buffet :
– C'est la cinquième fois que tu retournes chercher du poulet frit. Tu n'as pas honte ?

– Pas du tout, lui dit-il. Je n'arrête pas de leur dire que c'est pour toi.

141. Jour faste
Le mollah Nasrudin s'approcha et serra la main du futur marié.
– Félicitations, mon ami, dit-t-il, pour ce qui est l'un des jours les plus heureux de ta vie.
– Mais je ne me marie pas avant demain, dit le futur marié.
– Je sais, dit le mollah. C'est justement ce qui fait de ce jour l'un des plus heureux de ta vie.

142. Bon sens
Le mollah Nasrudin et sa femme racontaient des potins sur le récent scandale du mariage.
– Réfléchis, dit la femme, c'est juste au moment où la mariée descendait l'allée que le marié s'est soudainement retourné, a fui l'église et a quitté la ville. Je suppose qu'il a perdu son bon sens.
– Oh, je ne pense pas, dit le mollah. Je suppose qu'il l'a retrouvé, au contraire.

143. Info
– Papa, papa, s'écria la fillette. Maman vient de tomber du toit !
– Je sais, ma chérie, dit mulla Nasrudin. Je l'ai vue passer par la fenêtre.

144. Élections
L'élection est contestée par le candidat battu, Mulla Nasrudin.
– Je sais qu'elle était truquée, dit le mollah. Un de mes amis a voté pour moi quinze fois dans la troisième circonscription et je n'ai eu que quatre votes là-bas.

145. Présentation
Les candidats politiques rivaux devaient s'exprimer sur le même programme lors de la foire du comté. Mulla Nasrudin fut choisi pour les présenter. Il se leva et dit :

– Je veux vous présenter un homme qui a, plus que quiconque, à cœur le bien-être de chacun d'entre vous. Plus que quiconque, il est dévoué à notre grande et glorieuse nation.
Puis il se tourna vers les candidats et leur demanda :
– Qui d'entre vous veut parler en premier ?

146. Ponctualité
Mulla Nasrudin se plaignait de la lenteur du bus auprès du chauffeur. Ne pouvant plus supporter les plaintes, le chauffeur lui dit :
– Si ça ne te plait pas, tu peux descendre en marche.
– J'aimerais bien, dit le mollah, mais ma femme m'attend à l'arrêt de bus et ne s'attend pas à me voir arriver avant le bus.

147. Concurrence
Le nouvel homme arrive en ville dit au mollah Nasrudin :
– Je suis venu ici pour gagner honnêtement ma vie.
– Bah, dit le mollah, il n'y a pas beaucoup de concurrence.

148. Raisons
Le mollah Nasrudin se précipita dans un bar et dit à bout de souffle :
– Comme d'habitude, s'il vous plaît, et dépêchez-vous, je dois prendre mon train.
Le barman prépara cinq martinis d'affilée et le Mulla engloutit le deuxième, le troisième et le quatrième, laissant le premier et le dernier verre sur le bar. Puis il se précipita dehors aussi vite qu'il était entré. Un spectateur demanda alors au barman pourquoi le client avait laissé les deux verres.
– Oh, il fait tout le temps ça, répondit le barman. Il dit que le premier a toujours un goût terrible et que le dernier lui cause des problèmes à la maison.

149. Mémoire
Mulla Nasrudin se plaignait de sa femme auprès d'un ami.
– Je ne sais pas ce que je vais faire d'elle, dit-il. Elle a la pire mémoire du monde.
– Tu veux dire qu'elle oublie tout ? demandait son ami.

– Diable, non, dit Nasrudin. Elle se souvient de tout, au contraire.

150. Consultation
– Docteur, dit une femme en se précipitant dans la maison du mollah Nasrudin, je veux que vous me disiez franchement, exactement ce qui ne va pas.
Nasrudin la regarda de la tête aux pieds, puis lui dit :
– Madame, j'ai trois choses à vous dire. Premièrement, vous avez un excès de poids d'environ 15 kilos. Deuxièmement, vous seriez plus jolie si vous enleviez plusieurs couches de rouge à lèvres. Et troisièmement, je ne suis pas le médecin. Le cabinet du docteur est de l'autre côté de la rue.

151. Décompte
Mulla Nasrudin avait été pêcher tout l'après-midi. Un homme, qui venait d'arriver, lui demanda :
– Combien en as-tu attrapé aujourd'hui, Mulla ?
– Eh bien, dit Nasrudin, si j'attrape celui qui est en train de grignoter, et deux de plus, j'en aurai trois.

152. Références
Mulla Nasrudin alla voir son avocat à propos de divorce.
– Quels motifs pensez-vous avoir pour un divorce ? lui demanda l'avocat.
– Ce sont les manières de ma femme, dit le mollah. Elle a de si mauvaises manières à table qu'elle déshonore toute la famille.
– Mais c'est terrible dit l'avocat. Depuis combien de temps êtes-vous mariés ?
– Neuf ans, dit le mollah.
– Si vous avez pu supporter ses manières à table pendant neuf ans, je ne comprends pas pourquoi vous voulez divorcer maintenant, dit l'avocat.
– Bien, dit Nasrudin, je ne le savais pas avant. Je viens d'acheter un livre sur les bonnes manières ce matin.

153. Raison
– Une assurance est la meilleure chose au monde, dit le vendeur d'assurance, enthousiaste à son prospect, Mulla Nasrudin. J'ai une assurance vie de 75 000 $, payable à ma femme.
– Dans ce cas, dit Nasrudin, quelle excuse avez-vous pour vivre ?

154. Rêve
Mulla Nasrudin racontait à sa femme un rêve qu'il avait fait la nuit précédente.
– C'était terrible, dit-il. J'étais à un anniversaire chez Joe. Sa mère avait fait un gâteau au chocolat d'un mètre de haut, et quand elle le coupa, elle donna à tout le monde une part si grande que ça débordait sur les côtés de l'assiette. Puis elle distribua de la glace faite maison. Il y en avait tellement qu'elle dû donner à chacun sa part dans un bol à soupe.
– Qu'y avait-il de si terrible dans ce rêve ? demanda sa femme.
– Oh, dit Nasrudin, je me suis réveillé avant d'avoir pu y goûter.

155. Situation
Ça avait été une soirée bien arrosée à la taverne. Mulla Nasrudin a dû être ramené chez lui par ses amis. Lorsqu'il se réveilla le lendemain, il vit un énorme singe assis au pied de son lit. Il tendit la main vers son colt 45. Il visa soigneusement et dit :
– Si tu es un vrai singe, tu es dans une mauvaise situation. Mais si tu ne l'es pas, alors c'est moi qui le suis.

156. Si le journal le dit
Le mollah Nasrudin dit à sa femme :
– Ma chère, cet article dit que les femmes ont besoin de plus de sommeil que les hommes.
– C'est vrai ? dit-elle.
– Oui, ma chère, dit le mollah, alors tu ferais mieux de ne pas m'attendre ce soir !

157. Panacée
Mulla Nasrudin pensait qu'il allait mourir d'un mal de dents. Il demanda à son ami :
– Que puis-je faire pour soulager la douleur ?
– Je vais te dire ce que je fais, lui dit son ami. Quand j'ai mal aux dents, ou autre, je vais voir ma femme, et elle met ses bras autour de moi, me caresse, et me soulage jusqu'à ce que j'oublie enfin la douleur.
Nasrudin s'égaya et dit :
– C'est merveilleux ! Est-elle à la maison maintenant ?

158. Critique
Un jeune dramaturge invita spécialement mollah Nasrudin pour qu'il assiste à sa nouvelle pièce. Le mollah dormit pendant toute la représentation. Le jeune dramaturge indigné lui dit :
– Comment as-tu pu dormir alors que tu savais à quel point je voulais ton avis ?
– Jeune homme, dit Nasrudin, dormir est une opinion.

159. Vache
– Oh ! quelle drôle de vache, dit la jeune citadine au mollah Nasrudin.
– Il y a de nombreuses raisons, dit Nasrudin, pour lesquelles une vache n'a pas de cornes. Pour certaines elles ne poussent que tard dans la vie. D'autres sont écornées. Certaines races ne sont pas censées avoir de cornes. Et cette vache en particulier n'a pas de cornes parce que c'est un cheval. !

160. Victime
Le mollah Nasrudin avait perdu les dernières élections et s'apitoyait sur son sort.
– J'étais une victime, dit-il, rien d'autre qu'une victime.
– Une victime ? demanda un ami. Une victime de quoi ?
– Une victime de comptage précis, dit Nasrudin.

161. Malheur
Un jour, Mulla Nasrudin parlait de sa famille à ses amis dans la taverne.
– Neuf garçons, disait-il, et tout va bien, sauf Abdul. Il a appris à lire.

162. Ouf !
Un jour, un bon à rien notoire rattrapa mollah Nasrudin dans la rue, avant qu'il ne puisse s'esquiver.
– Je suis vraiment dans le pétrin et j'ai besoin d'argent, dit-il au mollah, et je n'ai aucune idée où je vais en trouver.
– Je suis ravi de le savoir, dit Nasrudin. J'avais peur que tu aies l'idée erronée de m'en emprunter.

163. Quiproquo
Mulla Nasrudin rentra à la maison et sa femme lui annonça que la cuisinière avait démissionné.
– Encore ? gémit le mollah. Que s'est-il passé cette fois-ci ?
– C'est de ta faute ! dit sa femme. Elle a dit que tu l'avais insultée au téléphone ce matin.
– Bon sang ! dit Nasrudin. Je suis désolé, je pensais que c'était à toi que je parlais.

164. Courtoisie
Le bus était bondé quand la petite vieille monta ; Mulla Nasrudin se leva. Elle repoussa le mollah doucement et dit :
– Non, merci.
Nasrudin essaya de se relever et elle le repoussa une seconde fois. Finalement, Nasrudin lui dit :
– S'il vous plaît, laissez-moi me lever, Madame, on a passé de deux blocs mon arrêt maintenant.

165. À-propos
Un membre de la commission des finances fit appel à Mulla Nasrudin.

– J'appelle à propos de la contribution annuelle au fonds pour la conversion des païens, dit-il. L'année dernière, vous avez donné un dollar.
– Quoi ! dit Nasrudin, surpris : ne les avez-vous pas encore convertis ?

166. Générosité
Mulla Nasrudin vivait bien au-dessus de ses moyens et était constamment poursuivi par ses créanciers. Mais il était tellement habitué à eux que leur présence ne l'angoissait pas. En fait, il les traitait avec la plus grande courtoisie. Une fois, il servit même du champagne à un huissier.
– Si vous n'avez pas les moyens de payer vos dettes, lui demanda-t-il, comment pouvez-vous vous permettre de servir du champagne ?
– Ne vous mettez pas en colère dit Nasrudin, je vous assure que ceci n'a pas été payé non plus, monsieur.

167. Élu ou pas ?
Mulla Nasrudin avait travaillé jour et nuit dans toute sa région dans une lutte à la vie ou à la mort en vue de sa réélection. Un soir, après un discours, il se reposait chez un ami.
– J'ai entendu vos discours, lui dit son ami, mais je pense que la vraie question est de savoir ce que vous ferez si vous êtes réélu.
– Non, dit Nasrudin, la vraie question est de savoir ce que je ferai si je ne le suis pas.
(Toute ressemblance, etc, etc)

168. Erreur
– Où étais-tu ces deux dernières heures ? demanda la femme.
– J'ai rencontré mulla Nasrudin devant le bureau de poste et j'ai fait l'erreur de lui demander comment il se sentait, dit l'homme.

169. Précision
Un jeune prêcheur commençait tout juste à se familiariser avec ses fonctions. L'une de ses premières tâches consistait à visiter l'hôpital où Mulla Nasrudin, un membre de sa congrégation, était confiné à la

suite d'un accident de voiture. Le Mulla avait été gravement blessé : une jambe cassée, les deux bras cassés, une clavicule cassée, de terribles blessures sur le visage et la tête, et plusieurs côtes cassées. Il était entièrement bandé, et seuls ses deux yeux et sa bouche étaient visibles. Le jeune prêcheur ne savait plus quoi dire, mais se sentait obligé de dire quelque chose, alors il demanda au mollah :
– Comment te sens-tu aujourd'hui ? Je suppose que tous ces os cassés et ces blessures causent beaucoup de douleur. Est-ce que tu souffres beaucoup ?
– Non, pas du tout, dit Nasrudin, seulement quand je ris.

170. Trafic
Un mécanicien vendit une voiture qu'il avait réparée à son ami Mulla Nasrudin. Le lendemain, il regrettait de l'avoir vendue, alors il alla voir le Mulla.
– Je vais te racheter la voiture, dit-il, et te donner cinquante dollars de bénéfice.
Alors Nasrudin lui vendit la voiture. Le lendemain, il alla chercher le mécanicien.
– Je suis désolé de t'avoir revendu la voiture, lui dit le mollah. Je te donnerai soixante-quinze dollars en plus.
Le mollah racheta donc la voiture. Le jour suivant, le mécanicien était désolé de l'avoir vendue et la racheta, donnant à Nasrudin cent dollars de bénéfice. Le surlendemain, le Mollah vint pour la racheter, mais apprit que le mécanicien l'avait vendue à un vendeur de voitures d'occasion.
– Idiot ! Pourquoi l'as-tu vendu à un étranger ? dit Nasrudin, alors que nous étions tous les deux en train d'en faire notre métier !

171. Beau-frère
Mulla Nasrudin buvait trop. À tel point que cela commençait à inquiéter ses amis. Finalement, ils trouvèrent un plan pour le guérir. Ça consistait à ce que l'un d'eux se déguise en diable, avec des cornes et une fourche. Ils voulaient faire peur au mollah pour qu'il renonce à la boisson.

Tard un soir, alors que Nasrudin rentrait ivre chez lui, son ami émergea de derrière un arbre et cria :
– Tu vas devoir arrêter de boire !
– Qui es-tu ? lui demanda le mollah.
– Je suis le diable, dit son ami.
– Oh, tu es le diable, dit Nasrudin. Je suis heureux de te rencontrer. Je suis le type qui a épousé ta sœur.

172. Ordres de grandeur
Mulla Nasrudin et un de ses amis étaient allongés sur l'herbe verte au bord d'une route de campagne. Au-dessus d'eux, un soleil chaud. Les oiseaux chantaient dans les arbres. C'était calme, reposant, en un mot une scène paisible.
– Mon garçon, dit le mollah, pour l'instant, je ne changerais de place avec personne même pas pour un million de dollars.
– Et pour cinq millions, Mulla ? demanda son ami.
– Non, même pas pour cinq millions, répondit le mollah.
– Eh bien, dit l'autre, pourquoi pas un dollar ?
Le Mollah Nasrudin s'assit.
– Bien, dit-il, c'est différent. Maintenant on parle de sommes réelles.

173. Valeurs
Mulla Nasrudin était assis sous un arbre en train de discuter avec un voisin, quand son fils arriva en haut de la route avec un poulet.
– Où as-tu trouvé ce poulet ? Nasrudin demanda à son fils.
– Je l'ai volé, dit le garçon.
Mulla Nasrudin se tourna vers son ami et lui dit fièrement :
– Ça c'est mon fils. Il peut voler, mais il ne mentira pas.

174. Et pour vous ce sera ?
Mulla Nasrudin :
– Un paquet de cigarettes, s'il vous plaît.
Le buraliste :
– Oui, Monsieur, taille normale ou grande taille ?
Nasrudin :
– King size.

L'employé :
– Avec ou sans filtre ?
Nasrudin :
– Filtre.
L'employé :
– Menthol ou normales ?
Nasrudin :
– Normales.
L'employé :
– Paquet ou boîte ?
Nasrudin :
– Boîte.
L'employé :
 Mélange turc ou...
Nasrudin :
– Laisse tomber, s'il te plait ! Je viens d'arrêter de fumer !

175. Motif
Mulla Nasrudin entra en boitant dans le cabinet d'un médecin avec une cheville très enflée.
– Mon Dieu, dit le médecin, après avoir examiné la cheville de Nasrudin, depuis combien de temps est-elle dans cet état ?
– Environ trois semaines, dit le mollah.
– Comment se fait-il que cette cheville soit cassée ? interrogea le médecin. Pourquoi n'êtes-vous pas venu me voir immédiatement ?
– Eh bien, j'ai hésité, dit le mollah, parce que chaque fois que je dis que quelque chose ne va pas, ma femme insiste pour que j'arrête de fumer.

176. Commisération
Mulla Nasrudin appela le ministre et lui raconta une histoire bouleversante au sujet de la pauvreté et de la misère dans le quartier.
– Cette pauvre veuve, dit le Mulla, avec quatre enfants affamés à nourrir, est alitée, sans argent pour le médecin, et en plus elle doit 1000 $ de loyer pour trois mois et est sur le point d'être expulsée.

J'essaie de récolter des fonds pour payer son loyer. Je me demandais si vous pouviez m'aider ?
– Je peux certainement, déclara le ministre.
– Si vous pouvez donner de votre temps à cette cause, je pourrai moi aussi dit le Mulla.
– Au fait, qui êtes-vous ? dit le ministre
– Je suis le propriétaire, dit Nasrudin.

177. Tentatives
Comme d'habitude, le mollah Nasrudin se présenta au dîner avec les mains et le visage sales.
– Va te laver, lui cria sa femme. Je te le répète tous les soirs. Et soir après soir, tu viens toujours à table sans te laver. Pourquoi tu ne le fais jamais sans que je te crie dessus ?
– Bah, dit le mollah, ça vaut toujours le coup d'essayer. qui sait ? tu pourrais oublier une fois.

178. Règles
La femme du mollah Nasrudin jouait au bridge intelligemment et selon les règles. Le mollah Nasrudin se vantait lui de ne connaître aucune règle. Cependant, un soir, il fit une enchère et un grand chelem, un contre et un surcontre. Excité, il dit à sa femme :
– Tu vois, tu pensais que je ne pouvais pas le faire !
– Eh bien chéri, dit sa femme. Tu n'aurais pas pu, si tu avais joué correctement.

179. Ressemblance
Le cambrioleur ne portait pas seulement une arme à feu qui avait l'air dangereuse, il semblait également être ivre.
– Prépare-toi à mourir, dit-il au mollah Nasrudin. Je vais te tirer dessus.
– Pourquoi me tirer dessus ? demanda le mollah.
– J'ai toujours dit que je tirerais sur tous ceux qui me ressemblent, dit le cambrioleur.
– Et est-ce que je te ressemble ? demanda le mollah.
– Oui, tu me ressembles, répondit le cambrioleur.

– Alors vas-y et tire, dit Nasrudin, ça en fera toujours un comme toi de moins.

180. Décence
Un homme et sa femme arrivèrent dans un hôtel de villégiature. Après avoir nettoyé la chambre, la femme de ménage oublia de fermer les robinets de la salle de bains. Une demi-heure plus tard, Mulla Nasrudin, le client qui se trouvait dans la chambre juste en dessous d'eux, ouvrit sa fenêtre, sorti la tête et appela à l'étage pour attirer leur attention.
– Hé, toi là-haut ! cria le mollah.
L'homme à l'étage ouvra sa fenêtre et sorti la tête.
– Qu'est-ce qu'il y a ? demanda-t-il.
– Ferme les robinets de ta salle de bains ! demanda Nasrudin. Il pleut à verse ici. Qu'est-ce qu'il te prend ? Tu dois être un idiot. Il termina sa tirade par un violent accès de blasphème.
– Attends une minute, dit l'homme en haut. Arrête de jurer. J'ai une dame ici.
– Qu'est-ce que tu crois que j'ai ici, cria Nasrudin, – un canard ?

181. Prescription
Un jour d'été, Mulla Nasrudin arrêta le médecin dans la rue.
– Vous souvenez vous docteur d'avoir soigné mes rhumatismes il y a dix ans, demanda le mollah, et que vous m'aviez dit de ne pas me mouiller ?
– Oui, je m'en souviens, dit le docteur.
– Eh bien, je viens juste de me demander si vous pensiez que je pourrai prendre un bain sans danger, dit Nasrudin.

182. Justification
Le commis attendait un client, le mollah Nasrudin, au comptoir de la viande, lorsqu'une femme s'avança devant le mollah et dit :
– Donnez-moi une livre ou de la nourriture pour chat, vite, je suis pressée.
Puis elle se tourna vers le mollah et dit :
– J'espère que ça ne vous dérange pas que je sois passée avant vous.

– Pas si vous êtes affamée, dit Nasrudin avec douceur.

183. Verre fatidique
Le mollah Nasrudin dit à un homme assis à côté de lui dans un bar :
– Un verre me rend toujours ivre.
– Vraiment ? demanda l'étranger, – un seul ?
– OUI, répondit le mollah. Et c'est généralement le sixième.

184. Chien de garde
Le mollah Nasrudin venait d'acheter un chien et se vantait de ses qualités auprès d'un ami.
– Il n'est pas ce que vous appelleriez un chien de race, dit le mollah, mais aucun rôdeur ne pouvait s'approcher de la maison sans qu'il nous le fasse savoir.
– Que fait-il ? demanda l'ami.
– Il aboie et réveille le voisinage ?
– Non, dit fièrement Nasrudin, il rampe sous le lit.

185. Parfait
Un ami offrit une bouteille d'alcool bon marché au Mollah Nasrudin comme cadeau d'anniversaire. Plus tard, il demanda au mollah comment c'était.
– C'était comme il fallait, lui répondit le mollah.
– Comment ça, comme il fallait ? demanda l'ami.
– Ben, dit Nasrudin, si ça avait été meilleur tu ne me l'aurais pas offert et si ça avait été pire, je n'aurais pas pu le boire

186. Petits soins
Mulla Nasrudin se vantait de sa famille auprès de son ami.
– Quand je rentre chez moi le soir, disait-il, tout est prêt pour moi, mes pantoufles, ma pipe, le fauteuil dans le coin avec la lumière allumée, mon livre ouvert au même endroit où je l'avais laissé la veille et toujours beaucoup d'eau chaude.
– J'ai aussi droit aux pantoufles, le fauteuil, le livre et la pipe, dit son ami ; mais qu'en est-il de l'eau chaude, Mulla ?

– Bah, répondit Nasrudin, ma famille m'aime. Tu ne penses pas qu'ils vont me faire laver la vaisselle à l'eau froide, n'est-ce pas ?

187. Répartition
Mulla Nasrudin pleurait et se plaignait dans un bar.
– Je n'ai pas à m'inquiéter, dit-il. Ma femme s'occupe de mon argent. Ma belle-mère s'occupe de mes affaires. Je n'ai juste qu'à travailler.

188. Mortelle attente
Toutes les chaises de la salle d'attente étaient prises. Plusieurs personnes étaient debout. Il n'y avait aucun mot de la part du médecin. Finalement, le mollah Nasrudin se leva avec lassitude et dit :
– Bien, je suppose que je vais rentrer chez moi et mourir de mort naturelle.

189. Mérites
Mulla Nasrudin et son ami parlaient de leurs femmes.
– Ma femme est très susceptible, dit l'ami. La moindre petite chose la contrarie.
– Vous avez de la chance, dit Nasrudin. La mienne à l'esprit d'initiative.

190. Raison médicale
– Écoute, dit la dame au mollah Nasrudin, pourquoi viens-tu toujours chez moi pour mendier ?
– Ordre du médecin, ma chère, dit le mollah.
– Que veux-tu dire par ordre du médecin ? demanda-t-elle.
– Il m'a dit, répondit Nasrudin, que lorsque je trouverai de la nourriture qui me convient, je devrai m'y tenir.

191. Prix des sentiments
– Quand j'étais fauché, dit Mulla Nasrudin à son voisin, Harry m'avait proposé de me prêter 1000 dollars
– Les as-tu pris ? lui demanda son voisin.
– Non, dit Nasrudin. Ce genre d'amitié est trop précieuse pour être perdue.

192. M'enfin !
La femme de Mulla Nasrudin s'apitoyait un peu sur son sort.
– Tu ne me sembles plus aussi dévoué qu'avant, se plaignait-elle. Est-ce que tu m'aimes encore ?
Nasrudin leva les yeux de son journal et cria :
– Oui, je t'aime toujours. Maintenant, ferme ta grande bouche et laisse-moi lire mon journal.

193. Point trop n'en faut
Mulla Nasrudin et son voisin discutaient.
– Hier, j'ai emmené une fille au bar Coca Cola dans l'après-midi, dit le voisin, et j'ai payé. Puis je l'ai emmenée au drive-in pour un hot-dog et j'ai payé. Après ça, je l'ai emmenée au cinéma, et j'ai payé. Puis je l'ai emmenée dans une boîte de nuit et j'ai payé. Pensez-vous que j'aurais dû l'embrasser, Mulla ?
– Non, dit Nasrudin. Je pense que tu en as fait assez pour elle en une seule journée.

194. Coquin de sort
Mulla Nasrudin avait écouté les encouragements d'un ami qui avait vanté les mérites d'un certain cheval. Le lendemain, après que celui-ci fut arrivé dernier, le mollah vit le conseiller et cria :
– Frère, je t'en veux. Le cheval sur lequel tu m'as dit de parier est arrivé dernier.
– En dernier ? dit le type. Je ne comprends pas. Il aurait dû être capable de gagner cette course en un tour de main.
– Il a bien essayé, dit Nasrudin, mais il est quand même arrivé bon dernier.

195. Manières
Un jour, le mollah Nasrudin se rendit dans un grand magasin pour acheter à sa femme des collants en nylon. Par inadvertance, il se retrouva pris dans une ruée folle à un comptoir où se déroulaient des soldes. Il se fit pousser et piétiner par des femmes frénétiques. Il tint bon aussi longtemps qu'il put. Puis, la tête baissée et les coudes sortis, il se fraya un chemin à travers la foule.

– Vous là ! dit une femme. Ne pouvez-vous pas vous comporter comme un gentleman ?
– Plus maintenant, dit Nasrudin ; ça fait une heure que je me comporte comme un gentleman. À partir de maintenant, je me comporte comme une dame.

196. Salamalecs
Mulla Nasrudin et son voisin se saluaient.
– Bonjour, dit le mollah. Tu as l'air en forme ce matin.
– Je suis désolé de ne pas pouvoir en dire autant pour toi, dit le voisin.
– Tu pourrais, dit Nasrudin, si tu étais aussi fieffé menteur que moi.

197. Opportunité
Le mollah Nasrudin rentra chez lui vers minuit et se jeta sur le canapé du salon. Il réveilla sa femme avec sa maladresse et cette dernière sortit la tête par la porte de la chambre en disant :
– Eh bien, tu es finalement rentré à la maison. Je suppose que tu as réalisé que la maison est le meilleur endroit où être à cette heure de la nuit.
– Pas exactement, dit Nasrudin, mais c'est le seul endroit qui est ouvert après minuit.

198. Comparaisons
Mulla Nasrudin et sa femme parlaient d'un voisin.
– Je n'ai jamais entendu un homme parler aussi vite de toute ma vie, déclara sa femme.
– Ce n'est pas surprenant, dit Nasrudin. Son père était un politicien et sa mère une femme.

199. Esprit vagabond
Le médecin donnait de mauvaises nouvelles au mollah Nasrudin à propos de sa femme.
– C'est un cas grave, déclara le médecin. Je suis désolé, mais l'esprit de votre femme est parti, complètement parti.

– Eh bien, je ne suis pas surpris, dit Nasrudin. Elle m'en a donné un échantillon tous les jours depuis quinze ans.

200. Explications
Invité à s'arrêter pour prendre un verre avec ses amis après la réunion de la loge, Mulla Nasrudin dit qu'il devait se dépêcher de rentrer chez lui.
– Je ne peux pas m'arrêter, dit-il, je dois rentrer chez moi et expliquer à ma femme.
– Expliquer quoi ? lui demanda un de ses amis.
– Je ne sais pas, dit Nasrudin, je ne suis pas encore arrivé à la maison.

201. Hydratation
Le mollah Nasrudin s'évanouit dans la rue ; une foule se rassembla rapidement.
– Donnez-lui de l'air ! cria un homme.
– Dégagez le passage. Dépêchez-vous, donnez-lui à boire !
Les yeux de Nasrudin s'ouvrirent et il haleta :
– S'il vous plaît, faites que ce soit un double Martini.

202. Première fois
Mulla Nasrudin parlait avec son voisin de l'autre côté de la clôture.
– N'était-ce pas quelque chose, dit le voisin, la façon dont le poêle de Lucy a explosé la nuit dernière ? L'explosion les a projetés, elle et son mari, de la porte d'entrée à la rue !
– Oui, convint le Mollah. C'est bien la première fois qu'ils sortent ensemble en trente ans.

203. Question difficile
Le mollah Nasrudin et un de ses amis passaient devant la haute palissade qui entourait une colonie de nudistes. Nasrudin repéra un trou dans le bois et y jeta un coup d'œil.
– Hé, cria-t-il à son compagnon, il y a beaucoup de monde là-dedans.
– Des hommes ou des femmes ? demanda l'ami.
– Je ne peux pas le dire, dit Nasrudin. Ils n'ont pas de vêtements.

204. Outre-tombe ?
Un matin, la femme de Mulla Nasrudin prenait son petit déjeuner quand elle lut l'annonce de sa propre mort dans le journal. Elle appela rapidement Mulla Nasrudin qui était en dehors de la ville et lui dit :
– As-tu lu le journal du matin, Mulla ? Et, as-tu vu l'annonce de ma mort ?
– Oui, répondit Nasrudin. D'où appelles-tu ?

205. Quelle famille !
La femme du mollah Nasrudin se plaignait méchamment auprès de celui-ci.

– J'ai absolument honte de la façon dont nous vivons. C'est ma mère qui paie notre loyer. Ma tante achète nos vêtements. Ma sœur nous envoie de l'argent pour la nourriture. Je n'aime pas me plaindre, mais j'ai honte que nous ne puissions pas nous débrouiller.
– Tu devrais avoir honte, dit Nasrudin. Tu as deux oncles qui ne nous envoient pas un centime.

206. Parenté
Mulla Nasrudin était en train de traire une vache, quand soudain un taureau traversa la prairie en sa direction. Le mollah ne bougea pas, mais continua à traire. Plusieurs hommes, qui observaient depuis le champ voisin, furent surpris lorsque le taureau s'arrêta raide mort à quelques mètres du mollah. Il se retourna et s'éloigna.
– Tu n'as pas eu peur, Mulla ? demandèrent les hommes.
– Bien sûr que non, répondit Nasrudin. Cette vache est sa belle-mère.

207. Bon escient
Un prêcheur se divertissait au dîner pendant que les autres invités faisaient l'éloge de son sermon. L'un d'entre eux se tourna vers Mulla Nasrudin, qui avait assisté au discours, mais était resté silencieux, et lui demanda :
– Mulla, que pensez-vous du sermon ?
– Oh, c'était bien, dit Nasrudin. Seulement il a raté trois bons endroits où il aurait pu s'arrêter.

208. Impression
Mulla Nasrudin a participé à l'assemblée législative de l'état. Après avoir passé trente jours avec ses collègues législateurs, il rentra chez lui pour un week-end. En en parlant à sa femme, il dit :
– J'ai découvert une chose : c'est le premier asile d'aliénés que j'ai jamais vu et qui est géré par les détenus.

209. Bénéficiaire
Le prêcheur rendait visite au mollah Nasrudin à l'hôpital, qui avait été blessé lors d'une bagarre.

– Je vais prier pour que vous pardonniez à votre ennemi de vous avoir frappé avec une brique, dit le prêcheur.
– Ce serait peut-être mieux, dit Nasrudin, si vous attendiez jusqu'à ce que je sorte d'ici et que vous priiez pour l'autre, monsieur.

210. Trop tard
Un homme dans l'appartement du dessus cria au mollah Nasrudin au-dessous :
– Si tu n'arrêtes pas de jouer de la clarinette, je vais devenir fou.
– Trop tard, répondit Nasrudin. J'ai arrêté il y a une heure, monsieur.

211. Provenance
La femme du mollah Nasrudin avait reçu de son mari un magnifique manteau de putois pour son anniversaire.
– Vraiment, dit-elle avec excitation, je ne comprends pas comment un si beau manteau peut provenir d'une bête aussi misérable et malodorante.
– Bah dit Nasrudin, je ne m'attendais pas exactement à ce que tu me fasses des compliments, mais je pense que je mérite un peu plus de respect.

212. Sérieux ?
Un vendeur d'aspirateurs sonna à la porte de la maison de Mulla Nasrudin. Une femme le laissa entrer avant de quitter la pièce. Après avoir parlé un peu au Mollah qui était dans la même pièce, le vendeur dit :
– C'est votre femme, Monsieur, qui m'a laissé entrer ?
– Certainement. Pensez-vous que j'embaucherais une bonne aussi accueillante que ça ? demanda Nasrudin.

213. Précis
Le mollah Nasrudin, ivre, s'approcha du policier au coin de la rue et lui dit :
– Pardonnez-moi, monsieur l'agent, mais où suis-je ?
– Vous êtes au coin de Main et Forth, lui dit le policier.

– Peu importe les détails, dit Nasrudin. Dans quelle ville suis-je ?

214. Calcul
– C'est une question de logique, dit le vieux professeur dans le salon de thé. Si le spectacle commence à neuf heures, que le dîner est à six heures, que mon fils a la rougeole et que mon frère conduit une Cadillac, quel âge ai-je ?
– Vous avez quatre-vingt-quatre ans, répondit promptement Mulla Nasrudin.
– C'est vrai, dit le professeur. Maintenant, dites aux autres comment vous êtes arrivé à la bonne réponse.
– C'est facile, dit Nasrudin. J'ai un oncle qui a 42 ans et il n'est qu'à moitié fou, monsieur.

215. Deux moitiés
– Ce livre, dit le vendeur, fera la moitié de votre travail.
– Bien, dit le mollah Nasrudin. J'en prendrai donc deux.

216. Compensation
Le fils de Mulla Nasrudin, rentré du collège, parlait à son père de la "loi de compensation", qu'il avait étudiée.
– Si une personne perd un œil, expliquait-il, la vue dans l'autre œil s'intensifie. S'il perd l'ouïe d'une oreille, l'ouïe de l'autre devient plus aiguë. S'il perd une main, il devient plus agile avec l'autre.
– J'imagine que c'est vrai, déclara Nasrudin. J'ai toujours remarqué que lorsqu'un homme a une jambe courte, l'autre est plus longue.

217. Chance
– Tout le monde a des motifs d'être reconnaissant, déclara le ministre au mollah Nasrudin, qui était assis dans son bureau et racontait une histoire à faire pleurer dans les chaumières. Regardez l'homme en face de vous qui vient de perdre sa femme dans un accident de voiture.
– Oui, dit Nasrudin, mais tout le monde ne peut pas avoir cette chance, monsieur.

218. Dilemme
Un étudiant de première année parlait de filles avec Mulla Nasrudin.
– Que me conseilles-tu de faire ? D'épouser une fille sensée ou une belle fille, Mulla ? demanda-t-il.
– Je ne pense pas que tu puisses te marier non plus, dit le mollah.
– Pourquoi pas ? demanda le nouveau.
– C'est logique, dit Nasrudin. Une belle fille pourrait trouver mieux et une fille raisonnable saurait mieux.

219. Parade
– Que fais-tu caché sous le lit ? demanda la femme de Mulla Nasrudin.
– Ce sont les éclairs et le tonnerre, dit le mollah. Et je ne veux pas être frappé par la foudre.
– Oh, c'est idiot, dit sa femme. Si la foudre doit te frapper, elle te frappera où que tu sois.
– C'est tout à fait normal, dit Nasrudin. Mais si elle doit me frapper, je veux juste être difficile à trouver.

220. Opportunité
Mulla Nasrudin et un de ses amis étaient assis sous le pont et écoutaient la circulation des vacances qui passait au-dessus de leurs têtes.
– Je déteste les vacances, dit l'ami.
– Oui, dit Nasrudin, on se sent très banal quand personne ne travaille.

221. Psychologie
Le mollah Nasrudin disait toujours:
– Si tu veux que ta femme fasse attention à ce que tu dis, chuchote-le à une autre femme à voix basse.

222. Convenances
De nouveaux voisins venaient d'emménager et étaient sous observation depuis plusieurs jours.
– Ils semblent être un couple très dévoué, disait la femme de Mulla Nasrudin à son mari.

– Chaque fois qu'il part travailler, elle sort sous le porche et il la prend dans ses bras et l'embrasse. Pourquoi n'en fais-tu pas autant ?
– Moi ? dit Nasrudin. Certainement pas. Je ne lui ai même pas encore été présenté.

223. Devinette
Un policier arrêta Mulla Nasrudin, ivre, et lui dit :
– Vous savez qui je suis ?
– Je ne peux pas dire que je le sais, dit Nasrudin, mais si vous me dites où vous habitez, je vous raccompagnerai chez vous

224. L'heure tourne
Le jeune homme avait embrassé sa petite amie, la fille de Mulla Nasrudin, une douzaine de fois. Ils n'arrivaient pas à se dire bonne nuit. Finalement, il lui dit :
– L'amour est merveilleux. Chérie, faut-il vraiment se dire bonne nuit ?
La voix de Mulla Nasrudin venait du fond de la maison :
– Certainement pas. Restez encore une demi-heure et vous pourrez vous dire bonjour.

225. Mauvaise place
Les deux cambrioleurs travaillaient en équipe. L'un resta dehors pour faire le guet, tandis que l'autre cambriolait la maison. Une nuit, quand l'homme à l'intérieur revint, son copain lui dit :
– Combien as-tu obtenu ?
– Rien, dit l'autre. C'est la maison de Mulla Nasrudin.
– Oh non! dit son ami. Alors combien as-tu perdu ?

226. Honoraires
Il semblait qu'à chaque fois que le mollah Nasrudin rencontrait son avocat, il avait des frais de justice supplémentaires. Cela inquiétait le mollah au point de lui causer des ulcères. Puis un jour, il rencontra son avocat à la poste et lui dit :
– Belle journée, n'est-ce pas ? Et souvenez-vous, je vous le dis, je ne vous le demande pas, monsieur.

227. Patron
– Tu devrais taper le poing sur la table et montrer à ta femme qui dirige les choses chez toi, dit un homme grand et autoritaire à son ami, le mollah Nasrudin.
– Il n'est pas nécessaire de le faire, dit Nasrudin, elle le sait déjà.

228. Régularité
L'étranger parlait dans la taverne.
– Pendant quinze ans, dit-il, mes habitudes étaient aussi régulières qu'une horloge. Je me levais exactement à six heures. Une demi-heure plus tard, je prenais mon petit déjeuner. À sept heures, j'étais au travail. Je déjeunais à 13 heures, je dînais à 18 heures et j'étais au lit à 21h30. Je ne mangeais que de la nourriture ordinaire et je n'ai jamais pris un seul jour de maladie pendant toutes ces années.
– WOW, dit le mollah Nasrudin qui écoutait l'histoire, et pourquoi étais-tu en prison ?

229. Ah que quoi ça ?
Le mollah Nasrudin avait été arrêté pour avoir volé un cochon. Le procès fut court et facile. Il n'y avait pas de preuves concrètes contre le mollah et le juge rejeta les poursuites contre lui. Mais pour une raison quelconque, le mollah semblait ne pas comprendre.
– L'affaire est rejetée, dit le juge, c'est fini. Vous êtes acquitté. Vous pouvez partir.
– Ben, merci, monsieur le juge, dit Nasrudin. Mais est-ce que je dois lui rendre son porcelet ?

230. Air irritant
Mulla Nasrudin continuait à supplier le célèbre pianiste de jouer.
– Bon, d'accord, puisque vous insistez, dit-il. Que dois-je jouer ?
– Tout ce que vous voudrez, disait Nasrudin. C'est seulement pour embêter les voisins.

231. Jalousie
La femme du mollah Nasrudin avait l'habitude d'inspecter régulière-ment le mollah chaque soir quand il rentrait à la maison. Chaque

cheveu qu'elle découvrait sur son manteau provoquait une scène terrible. Un soir, alors qu'elle ne trouva pas un seul cheveu, elle cria :
– Maintenant, tu cours même après les femmes chauves !

232. Éclaircissements
Mulla Nasrudin fut présenté comme l'homme qui venait de gagner 800 000 dollars dans un marché pétrolier en Oklahoma. En réponse, le Mollah déclara :
– Ce n'était pas un contrat pétrolier, c'était un contrat immobilier. Ce n'était pas en Oklahoma, mais en Virginie. Je suis désolé, mais l'homme s'est trompé dans ses chiffres. Ce n'étaient pas 800 000 $, mais 800 $. Et en plus de cela, ce n'était pas un profit, mais une perte. Et, en fin de compte, si vous le permettez, laissez-moi vous dire que je ne suis pas l'homme concerné, monsieur.

233. Taches
Mulla Nasrudin, le propriétaire d'une maison aux chambres plutôt délabrées, avait mené un locataire potentiel dans une chambre du troisième étage au papier peint taché. Nasrudin :
– Le dernier homme qui vivait dans cette pièce était un inventeur. Il a inventé une sorte d'explosif.
Le locataire :
– Oh, ces taches sur les murs sont des produits chimiques ?
Nasrudin :
– Non, l'inventeur.

234. Corruption honnête
Le mollah Nasrudin fut appelé à témoigner dans une affaire de corruption électorale.
– Vous dites, demanda le juge, que l'on vous a donné 10 $ pour voter pour les démocrates, et que vous avez obtenu 10 $ de plus pour voter pour les républicains ?
– Oui, votre Honneur, répondit le mollah.
– Et comment avez-vous voté ? demanda le juge.
– Votre Honneur, dit Nasrudin, J'ai voté selon ma conscience.

235. Concurrence
La femme de Mulla Nasrudin était bouleversée et se confiait à sa bonne.
– Sachez dit-elle, que je soupçonne mon mari d'avoir une liaison avec la cuisinière.
– Oh, s'écria la bonne. Ce n'est pas possible. Vous dites ça juste pour me rendre jalouse.

236. Avenir hypothéqué
– Tu as vraiment l'air abattu, Mulla ? Qu'est-ce qu'il y a ? demanda un ami.
– C'est mon avenir qui m'inquiète, dit Nasrudin.
– Qu'est-ce qui rend ton avenir si maussade ? demanda l'ami.
– Mon passé, répondit Nasrudin.

237. Fierté
Un ami rendait visite au mollah Nasrudin.
– Mon garçon vient de m'écrire depuis la prison, dit-il. Il dit qu'ils vont réduire sa peine de six mois pour bonne conduite.
– Wow, dit le mollah Nasrudin. Vous devez être fier d'avoir un fils comme ça.

238. Problème
Mulla Nasrudin entra dans le cabinet d'un psychiatre, ouvrit une blague à tabac et s'en cala une pincée dans le nez.
– Je vois que vous avez besoin de moi, lui a dit le psychiatre. Entrez et dites-moi votre problème.
– Mon seul problème est, dit Nasrudin, que j'ai besoin d'un briquet.

239. Et avec ça ?
Le mollah Nasrudin s'installa confortablement dans le fauteuil d'un barbier et demanda :
– Où est le barbier qui travaillait sur la chaise d'à côté ?
– Oh, c'est une triste affaire, répondit le barbier. Il était devenu si nerveux et découragé par les mauvaises affaires, qu'un jour, lorsqu'un client lui dit qu'il ne voulait pas de massage, il perdit la tête et tran-

cha la gorge du client avec un rasoir. Il est maintenant dans un hôpital psychiatrique public. Au fait, aimeriez-vous un massage, Monsieur ?
– ABSOLUMENT ! dit Mulla Nasrudin.

240. Cauchemars
Le mollah Nasrudin dit à son psychiatre qu'il faisait le même cauchemar, nuit après nuit.
– Et de quoi rêvez-vous ? lui demanda le docteur.
– Je rêve que je suis marié, dit le mollah.
– Et à qui êtes-vous marié dans ce rêve ?, voulut savoir le médecin.
– À ma femme, dit Nasrudin. C'est ce qui en fait un cauchemar, monsieur.

241. Espoir
Mulla Nasrudin en était à son premier voyage en mer et était gravement malade. Essayant de le réconforter, le steward lui dit :
– Ne soyez pas si abattu, Monsieur, je n'ai jamais entendu dire que quelqu'un soit mort du mal de mer.
– Oh, ne me dites pas ça, gémit Nasrudin. C'est seulement l'espoir de mourir qui m'a maintenu en vie.

242. Motivations
Mulla Nasrudin et un de ses amis pensaient un jour s'engager dans l'armée.
– Qu'est-ce qui t'incite à rejoindre l'armée ? demanda le mollah.
– Eh bien, je n'ai pas de femme et j'aime la guerre, dit l'ami.
– Et pourquoi penses-tu à t'engager ?
– Moi ? dit Nasrudin. J'ai une femme et j'aime la paix.

243. Dommage !
Le mollah Nasrudin revenait à lui après une sérieuse opération. Il était juste assez conscient pour sentir la douceur du lit confortable et la chaleur des mains douces sur son front.
– Où suis-je ? demanda-t-il. Au paradis ?
– Non, dit sa femme, je suis toujours à tes côtés.

244. Folie
Tard une nuit, un psychiatre se retrouva à fixer le canon d'un gros pistolet. Il fut choqué de reconnaître le tireur qui le retenait.
– Voyez-vous Nasrudin, dit-t-il. Vous ne vous souvenez pas de moi ? Je suis votre bienfaiteur. Ne vous souvenez vous pas de la fois où je vous ai sauvé de la chaise électrique en prouvant que vous étiez fou ? Le mollah Nasrudin éclata de rire.
– Bien sûr que je me souviens de vous, monsieur. Mais, voler votre bienfaiteur n'est-il pas une chose folle à faire ?

245. Zut alors !
– Jeune homme, dit le père en colère, Mulla Nasrudin, n'ai-je pas entendu l'horloge sonner quatre heures quand vous avez ramené ma fille à la maison ?
– Oui, Monsieur, dit le garçon. Il allait sonner dix heures, mais j'ai pris le gong et je l'ai tenu pour ne pas vous déranger.
– Je serais donc un idiot, dit Nasrudin. Pourquoi n'y ai-je donc pas pensé dans ma jeunesse ?

246. Proportionnalité
Un homme discutait avec Mulla Nasrudin, un pêcheur acharné.
– Je remarque, dit-il, que lorsque tu parles du poisson que tu as pêché, tu en modifies la taille selon les auditeurs.
– OUI, répondit Nasrudin, je n'en dis jamais plus à un homme que je ne pense qu'il croira.

247. Interrogatoire
Mulla Nasrudin fut sélectionné comme juré dans une affaire de meurtre. L'avocat de la défense contestait les jurés potentiels. Il interrogea Mulla Nasrudin :
– Êtes-vous marié ou célibataire ?
– Marié depuis dix ans, répondit le mollah.
– Avez-vous formé ou exprimé une opinion ? demanda l'avocat.
– Pas depuis dix ans, répondit Nasrudin.

248. Harcèlement
– Pourquoi n'arrêtes-tu pas de t'en prendre à moi ? dit le mollah Nasrudin à sa femme. J'essaie de faire tout mon possible pour te rendre heureuse.
– Il y a une chose que tu n'as pas faite et que mon premier mari a faite pour me rendre heureuse, dit-elle.
– Qu'est-ce que c'est ? demanda le mollah.
– Il est tombé raide mort, dit-elle.

249. Complicité
La jeune fille du mollah Nasrudin entendit un tapotement sur la vitre de sa fenêtre aux aurores. Son petit ami se trouvait là, sur une échelle. Leur fugue se déroulait comme prévu.
– Es-tu prête ? lui demanda son petit ami.
– Oui, murmura la fille, mais ne parle pas si fort, tu pourrais réveiller mon père.
– Le réveiller ? lui demanda son petit ami. Parce qu'à ton avis, qui tient l'échelle ?

250. Déçu
– Pourquoi fais-tu cette tête, Mulla ? demanda quelqu'un dans la taverne.
– Ben, dit Mulla Nasrudin, je viens d'entendre un type traiter quelqu'un de menteur. Et ce dernier a dit que s'il ne s'excusait pas, il le fouetterait.
– Eh bien, pourquoi cela te rend si triste ,demanda le premier.
– Parce que, dit Nasrudin, le garçon s'est excusé

251. Relatif
C'était le plus beau quartier de la ville, et la dame qui vint à la porte dit au mollah Nasrudin :
– Je pense que vous devriez avoir honte de mendier dans ce quartier.
– Ne vous excusez pas madame, dit Nasrudin, j'ai vu pire !

252. Gageure
– Il est certainement difficile, dit la triste personne, d'aimer ses proches.
– Difficile ? dit Nasrudin. Difficile ? C'est pratiquement impossible !

253. Haletant
Le rédacteur en chef du journal local était hors de lui. Il dit au mollah Nasrudin dans le salon de thé :
– Qu'allons-nous mettre en première page ce soir ? Rien de scandaleux n'est arrivé en ville depuis presque vingt-quatre heures !
– Relax, dit Nasrudin. Quelque chose finira bien par arriver. Vous ne devriez pas perdre foi en la nature humaine, monsieur.

254. Oups !
– C'est vraiment une fête minable, dit un invité à une réception au mollah Nasrudin, qui était à côté de lui. Je finis ce verre et ensuite je m'en vais.
– J'en ferais bien autant, dit Nasrudin, mais je dois rester. Je suis l'hôte.

255. Oups ! (bis)
Un invité à un concert se tourna vers le mollah Nasrudin assis à côté de lui et critiqua la voix de la femme qui chantait.
– Quelle voix affreuse, dit-il. La connaissez-vous ?
– Oui, répondit le mollah. C'est ma femme.
– Oh, dit l'invité gêné, je vous demande pardon. Bien sûr, ce n'est pas sa voix qui est mauvaise, c'est cette horrible chanson qu'elle doit chanter. Je me demande qui l'a écrite.
– C'est moi, dit Nasrudin.

256. Vraiment !
Un vacher ivre se précipita dans un bar en agitant et en tirant au hasard avec une arme en criant :
– Sortez tous d'ici, sales putois.
En une minute, tout le monde s'était dispersé et avait disparu, sauf le Mollah Nasrudin, qui était assis au bar et finissait son verre.

– Eh bien, aboya le vacher, en agitant son pistolet fumant. Et alors ?
– Mon Dieu, dit le mollah. Il y en avait beaucoup, n'est-ce pas ?

257. Pire
Le mollah Nasrudin disait toujours :
– Oh, eh bien, ça aurait pu être pire.
Un jour, une connaissance l'arrêta et lui dit :
– J'ai rêvé la nuit dernière que j'étais mort, que je suis allé en enfer, et que j'étais condamné à un tourment éternel.
– Oh, eh bien, dit Nasrudin, ça aurait pu être pire.
– Que veux-tu dire, Mulla ! s'écria l'homme. Comment cela aurait-il pu être pire ?
– Ça aurait pu être vrai, dit Nasrudin.

258. Détente
– Tu devrais avoir plus de loisirs et de détente, dit Mulla Nasrudin à son ami surmené.
– Mais je suis trop occupé, dit l'ami.
– C'est stupide, répondit Nasrudin. Les fourmis ont la solide réputation d'être toujours occupées, et pourtant elles ne manquent jamais une occasion d'assister à un pique-nique.

259. Tristesse
Mulla Nasrudin reçut la visite d'un ami d'enfance qu'il n'avait pas vu depuis des années. L'homme lui raconta une longue et triste histoire : faillite, décès de sa femme et de ses enfants, maladie personnelle. Il finit par demander un prêt. Le mollah appela son fils et un jeune homme de type athlétique entra.
– Tommy, dit Nasrudin, jette ce pauvre type à la rue ; il me brise le cœur.

260. Recommandations
Mulla Nasrudin venait de rendre un recueil de poèmes au jeune poète en herbe.
– Pensez-vous qu'il serait utile que je mette plus de passion dans ma poésie, Monsieur ? demanda le jeune homme à Nasrudin.

– Non, répondit le mollah. Je recommanderais l'inverse.

261. Il ne manquerait que ça !
Le mollah Nasrudin finalement acheta un perroquet lors d'une vente aux enchères plutôt houleuses.
– Je présume que l'oiseau parle, dit-il au commissaire-priseur.
– S'il parle ? dit le commissaire-priseur. Et selon vous qui a enchéri contre vous pendant la dernière demi-heure ?

262. Juste prix
Mulla Nasrudin, portant une chaise, s'approcha du propriétaire d'un magasin d'occasion et lui demanda sa valeur.
– Trois dollars, répondît le brocanteur.
Le mollah sembla surpris.
– Ça ne vaut pas plus que ça ? dit-il
– Trois dollars, c'est la limite, dit le propriétaire. Vous voyez ça ? Où le pied est fendu en deux ? Et regardez ici où la peinture s'écaille.
– D'accord, dit Nasrudin. Je l'ai vue devant votre magasin marquée 10 dollars, mais j'ai pensé qu'il devait y avoir une erreur. Pour 3 $, je la prends.

263. Sérieux ?
Le rédacteur en chef s'efforçait de déchiffrer l'écriture de Mulla Nasrudin.
– Mulla, cette écriture est si mauvaise que je peux à peine la lire, dit-il. Pourquoi n'as-tu pas tapé ces poèmes à la machine avant de les apporter ?
– Les taper ! s'écria Nasrudin. Penses-tu un instant que si je savais taper, je perdrais mon temps à essayer d'écrire de la poésie ?

264. Définitions
Le fils de Mulla Nasrudin, étudiant en sciences politiques, demanda à son père :
– Papa, c'est quoi un traître en politique ?
– Tout homme qui quitte notre parti, dit le mollah, et passe à l'autre est un traître.

– Et un homme qui quitte son parti et vient chez nous ? demanda le jeune homme.
– Il serait un converti, mon fils, dit Nasrudin, un vrai converti.

265. Comparaison
Mulla Nasrudin était visiblement envieux de l'homme riche qui venait de lui donner un dollar.
– Vous n'avez aucune raison de m'envier, dit l'homme riche, même si j'ai l'air prospère. J'ai aussi mes problèmes, vous savez.
– Vous avez probablement beaucoup de problèmes, dit Nasrudin, mais la différence est que je n'ai pas d'autre comparaison, monsieur.

266. Habitude
Mulla Nasrudin annonçait à un ami son avenir par le biais de la chiromancie. Il lui dit :
– Tu seras pauvre, malheureux et misérable jusqu'à l'âge de soixante ans.
– Et ensuite ? lui demanda l'homme avec espoir.
– D'ici là, dit Nasrudin, tu t'y seras habitué

267. Réalisme
Mulla Nasrudin était assis sur son lit dans un asile.
– Tu vois, dit-il à l'homme du lit d'à côté, quand j'avais 17 ans, j'ai décidé que rien ne m'empêcherait de devenir riche.
– Comment se fait-il que tu ne sois jamais devenu riche ? lui demanda son ami.
– Oh, dit Nasrudin, à l'âge de dix-neuf ans, j'ai réalisé qu'il serait plus facile de changer d'avis.

268. Consolation
– Ma femme jouait du piano, dit un ami à Mulla Nasrudin, mais depuis que les enfants sont arrivés, elle n'a pas eu le temps d'y toucher.
– Les enfants sont un réconfort pour certains, n'est-ce pas ? dit Nasrudin.

269. Liste
La situation était désespérée. Mulla Nasrudin avait été mordu par un chien enragé et les médecins n'étaient pas certains qu'il avait commencé le traitement à temps pour le sauver. Après s'être consultés sur le sujet, ils entrèrent dans la chambre et lui dirent la vérité de but en blanc - qu'il pourrait développer une hydrophobie - que ses chances étaient limitées. Au lieu de paraître contrarié par la nouvelle, le mollah Nasrudin demanda un papier et un crayon et se mit à écrire longuement. Une heure plus tard, son infirmière lui dit :
– Qu'est-ce que tu écris, Mulla ? Est-ce ton testament ou une lettre à ta famille ?
– Non, dit Nasrudin. C'est la liste des personnes que je mordrai.

270. Prières
Mulla Nasrudin et son jeune fils conduisaient à la campagne un hiver. Il neigeait. Leur char à bœuf se cassa. Ils atteignirent finalement une ferme et furent accueillis pour la nuit. La maison était froide, et le grenier dans lequel ils étaient invités à passer la nuit était glacial. Le mollah se déshabilla, gardant juste ses sous-vêtements, et sauta dans un lit de plumes et tira les couvertures au-dessus de la tête. Son fils était légèrement gêné.
– Excuse-moi, papa, dit-il, tu ne crois pas qu'on devrait faire nos prières avant de se coucher ? Le mollah sorti un œil de sous les couvertures.
– Fils, dit-il, je prie toujours d'avance pour des situations comme celle-ci.

271. Confidences
La femme de Mulla Nasrudin expliquait à sa fille quelques faits intéressants sur la vie conjugale.
– J'espère, dit-elle à la jeune fille, que ta vie sera plus facile que la mienne. Depuis cinquante-cinq ans que je suis mariée, j'ai porté deux lourds fardeaux, ton père et le feu. Chaque fois que je me suis retournée pour m'occuper de l'un d'eux, l'autre s'est épuisé.

272. Judicieux
Une jeune femme alla voir le vieux mollah Nasrudin pour lui demander conseil. Elle dit au mollah :
– Dois-je épouser un homme qui me ment ?
– Oui, à moins que tu ne veuilles rester célibataire pour toujours, dit Nasrudin.

273. Offre
La mule de Mulla Nasrudin donna un coup de pied à sa femme et celle-ci mourut. Une foule immense se rassembla pour l'enterrement, pour la plupart des hommes. Le ministre qui suivit la cérémonie déclara :
– Cette femme devait être très appréciée. Regardez le nombre de personnes qui ont quitté leur travail pour être présents.
– Ils ne sont pas là pour les funérailles, a déclaré Nasrudin. Ils sont ici pour me faire une offre pour la mule.

274. Ami
Mulla Nasrudin fût victime d'un accident et poursuivit la compagnie d'assurance pour 1000 dollars et gagna son procès. Lorsqu'il reçut son chèque, il fit appel à son avocat pour régler le litige.
– Combien te dois-je ? demanda-t-il à l'avocat.
– Eh bien, dit l'avocat, je vais tout te dire. Comme je suis un vieil ami et de ton père avant toi, mes honoraires ne seront que de 900 dollars.
– Je suis vraiment content, dit Nasrudin en faisant son chèque de 900 dollars, que tu ne n'étais pas aussi un ami de mon grand-père

275. Bon teint
Un homme se rendit aux funérailles de la femme du mollah Nasrudin. Dans le salon funéraire, le mollah se tenait au bout du cercueil. L'homme regarda la femme de son ami décédé et a dit :
– N'est-elle pas magnifique !
– Pourquoi ne le serait-elle pas ? demanda Nasrudin. Elle était à l'hôpital tout l'hiver !

276. Essai
– Levez-vous, cria le prêcheur, si vous voulez aller au ciel.
Tout le monde se leva, sauf le vieux mollah Nasrudin.
– Tu ne veux pas aller au ciel, mon frère ? demanda le prédicateur.
– Oui, monsieur, dit Nasrudin, mais je n'y vais pas sans excursion.

277. Avisé
Un professeur d'école écrivit un mot à la mère d'Abdul :
– Chère Mme Nasrudin, votre fils, Abdul, est un garçon intelligent, mais il passe tout son temps avec les filles. J'essaie de lui faire perdre cette habitude.
Le professeur reçut la réponse suivante :
– Je vous souhaite de réussir. S'il vous plaît, faites-moi savoir comment vous y parvenez. J'essaie depuis des années de guérir son père de la même habitude.

278. Dernière volonté
La femme de Mulla Nasrudin était à l'hôpital, mourante. Juste avant de décéder, elle dit à son mari qui était assis au chevet de son lit :
– Chéri, je n'ai qu'un seul regret avant de partir. Je déteste te laisser dans toute ta solitude. Je veux juste que tu saches que si jamais tu veux te remarier, tu as mon consentement. Seulement, si tu le fais, je me demande si tu me promettrais quelque chose.
– Oui, ma chérie, dit le mollah. Dis-moi
– Promettrais-tu de ne pas laisser ta nouvelle femme porter mes vieux vêtements et te souvenir de moi ? demanda-t-elle.
– Certainement que je te le promets, dit Nasrudin. Je ne penserais jamais à faire une telle chose. De plus, tous tes vêtements sont trop petits pour Fatima de toute façon.

279. Connais-toi
Mulla Nasrudin et son ami, Old Joe, entrèrent dans un bar et ce dernier commanda quatre shots en quatre minutes environ. À chaque fois, il l'engloutissait. Après le quatrième, et avant de pouvoir commander le cinquième, Joe s'évanouit – plonk ! en plein sur le sol.

– Bien, dit Nasrudin. Une chose est sûre, vieux Joe sait quand il a assez bu.

280. Ambition
Mulla Nasrudin et son voisin parlaient des problèmes que pose l'éducation de leurs garçons.
– Ton fils est-il très ambitieux, Mulla ? demanda le voisin.
– Oui, dit Nasrudin. Il a de si grandes idées sur la richesse et la réussite, qu'il commence déjà à me considérer comme une sorte de parent pauvre.

281. Importun
Un ivrogne s'assit à côté du vieux mollah Nasrudin dans un bus. Pensant que le mollah Nasrudin était un prédicateur par son apparence, il essaya d'entamer une conversation, et lui dit :
– Je n'irai pas au paradis. Il n'y en a pas.
Le mollah ne répondit pas.
– Je dis qu'il n'y a pas de paradis, dit l'ivrogne à voix haute.
Le mollah ne lui répondit toujours pas.
– J'ai dit que je n'irai pas au paradis, cria l'ivrogne.
Nasrudin se tourna doucement vers l'ivrogne et lui dit :
– Bon, va en enfer alors ; mais tais-toi

282. Glacial
Le vieux mollah Nasrudin se plaignait à sa logeuse du manque de chauffage dans sa chambre.
– Il fait parfois si froid la nuit, dit-il, que je me réveille et que j'entends mes dents claquer sur la table de nuit.

283. Oreille
Le mollah Nasrudin acheta un de ces nouveaux appareils auditifs, qui sont pratiquement invisibles. On lui dit qu'il pouvait les rendre s'ils ne s'avéraient pas deux fois plus performants que l'appareil encombrant qu'il utilisait jusqu'alors. Il y retourna quelques jours plus tard pour exprimer sa satisfaction à l'égard du nouvel appareil.
– Je parie que votre famille l'aime aussi, déclara l'employé.

– Oh, ils ne savent même pas que je l'ai, répondit Nasrudin. Et vous savez quoi ? Je m'amuse bien plus avec ! Ces deux derniers jours, j'ai déjà changé mon testament trois fois.

284. Dernière volonté
Le mollah Nasrudin discutait avec son avocat de la possibilité de faire réécrire son testament. L'avocat lui demanda :
– Qu'y a-t-il de différent dans ce nouveau testament ?
– Oh, dit Nasrudin. Je laisse tout à ma femme à condition qu'elle se remarie. Je veux que quelqu'un regrette ma mort.

285. Sacrifice
La femme de Mulla Nasrudin le réveilla un matin et lui dit :
– Chéri, réveille-toi. Aujourd'hui, c'est notre 42ème anniversaire de mariage. Je pense que nous devrions le fêter. Que dirais-tu de tuer un poulet ?
Le mollah la regarda et lui dit :
– Pourquoi veux-tu punir un pauvre poulet pour une chose qui s'est passée il y a 42 ans ?

286. Improbable
– Cette douleur dans votre jambe est due à la vieillesse, dit le médecin à Mulla Nasrudin.
– Ce n'est pas possible, répondit le mollah. L'autre jambe a le même âge et ne me fait pas mal du tout.

287. Imparable
Mulla Nasrudin, qui fêtait son 95ème anniversaire, fût interrogé par un ami :
– Tu ne détestes pas vieillir, Mulla ?
– Oh que non répondit Nasrudin. Si je ne vieillissais pas, je serais mort.

288. Vigueur
Un journaliste interrogeait Mulla Nasrudin pour son 99ème anniversaire. Alors qu'il lui serrait la main pour partir, il lui dit :

– J'espère pouvoir revenir l'année prochaine et vous revoir pour votre 100e anniversaire.
– Je ne vois pas pourquoi vous ne pourriez pas, a dit le vieux mollah. Vous m'avez l'air en bonne santé.

289. Secret des affaires
Le touriste parlait au mollah Nasrudin qui venait de fêter son 100ème anniversaire.
– Et à quoi devez-vous votre grand âge ? demanda-t-il.
– Eh bien, je ne le sais pas encore vraiment, dit Nasrudin. Je négocie avec quelques entreprises de produits alimentaires pour le petit déjeuner, monsieur.

290. Si c'était à refaire
Un journaliste interrogeait le mollah Nasrudin à l'occasion de son 100ème anniversaire.
– Si vous pouviez revivre votre vie, demanda-t-il, pensez-vous que vous feriez à nouveau les mêmes erreurs ?
– Certainement, dit le vieux mollah, mais je commencerais beaucoup plus tôt.

291. Recette
Le Mollah Nasrudin finalement atteignit l'âge de 105 ans. Un journaliste du bulletin local vint le prendre en photo en vue d'écrire un article sur lui. Ce dernier parlait du vieil homme à un voisin et lui demanda :
– Comment se fait-il que votre ami ait pu vivre aussi longtemps ?
– Je suppose, dit le voisin, que c'est parce qu'il n'a jamais rien fait d'autre.

292. Porte-bonheur
Un journaliste interrogeait le mollah Nasrudin à l'occasion de son 105ème anniversaire. Il remarqua que le mollah portait une patte de lapin sur son porte-clés.
– Vous ne me ferez pas croire, dit le journaliste, qu'un homme de votre expérience croit encore à cette vieille superstition enfantine ?

– Certainement pas, dit Nasrudin, mais ma femme m'a dit que c'est supposé porter bonne chance, que vous y croyiez ou non.

293. Deuxième vie

Lorsque Mulla Nasrudin mourut, sa femme décida de le faire incinérer. Le préposé au crématorium montra à sa veuve une sélection d'urnes magnifiquement décorées pour ses cendres.
– Non, dit-elle. Je ne veux aucune de ces choses. Je veux que vous mettiez ses cendres dans un sablier que je mettrai sur la cheminée. Mulla Nasrudin n'a jamais travaillé de sa vie, mais croyez-moi, il sera occupé toute la journée à partir de maintenant.

294. A propos…

Mulla Nasrudin fut poignardé par des cambrioleurs. Mais avant de mourir, il écrivit un mot à sa femme depuis l'hôpital. Le dernier paragraphe de cette note disait :
– J'ai eu beaucoup de chance parce que la veille seulement, j'avais mis tout mon argent et mes titres négociables dans mon coffre à la banque, si bien que je ne perds pratiquement rien d'autre que ma vie.

295. Mathématiques

Alors que Nasrudin séjournait dans une autre ville, un homme du coin lui demanda ce que faisaient trois fois deux.
– Quatre, répondit Nasrudin.
– Tu as tort, lui dit l'homme. La réponse est six.
– En fait, expliqua Nasrudin, je ne me trompe pas. Nous utilisons un autre type de maths là d'où je viens.

296. À cause de moi

En marchant un soir sur une route déserte, Nasrudin vit une troupe de cavaliers approcher rapidement. Il commença à imaginer le pire ; il se vit capturé, volé ou tué. Effrayé par cette pensée, il s'élança, escalada un mur dans un cimetière et se coucha dans une tombe ouverte pour se cacher. Perplexes devant son comportement bizarre, les cavaliers - d'honnêtes voyageurs - le suivirent. Ils le trouvèrent allongé, tendu et tremblant.

– Que faites-vous dans cette tombe ? On vous a vu vous enfuir. Pouvons-nous vous aider ? Pourquoi êtes-vous ici, à cet endroit ?

– Ce n'est pas parce que vous pouvez poser une question qu'il y a une réponse simple à celle-ci, déclara Nasrudin, qui venait de réaliser ce qui s'était passé. Tout dépend de votre point de vue. Si vous voulez savoir, cependant, je suis ici à cause de vous - et vous êtes ici à cause de moi !

297. La Demande de Prêt

Nasrudin entama une conversation avec un étranger.

À un moment il lui demanda :

– Alors, comment vont les affaires ?

– Bien, répondit l'autre.

– Alors, dans ce cas, je peux vous emprunter dix dollars ?

– Non. Je ne vous connais pas assez bien pour vous prêter de l'argent.

– C'est étrange, répondit Nasrudin. Là où j'habitais, les gens ne me prêtaient pas d'argent parce qu'ils me connaissaient ; et maintenant que j'ai emménagé ici, les gens ne me prêtent pas d'argent parce qu'ils ne me connaissent pas !

298. L'Ami qui Déménage

– Nasrudin, dit un jour un ami, je déménage dans un autre village. Me donnerais-tu ta bague ? Comme ça, je me souviendrai de toi chaque fois que je la regarderai ?

– Eh bien, répondit Nasrudin, tu pourrais perdre la bague et m'oublier. Et si je ne te donnais pas de bague pour commencer, de cette façon, chaque fois que tu regarderas ton doigt et que tu ne verras pas de bague, tu te souviendras certainement de moi.

299. En colère contre le Fakir

Un Fakir a affirmé qu'il pouvait apprendre à toute personne illettrée à lire grâce à une "technique instantanée".

–OK, a dit Nasrudin. Apprends-moi.

Le Fakir a alors touché la tête de Nasrudin et lui a dit :

– Maintenant, va lire quelque chose.

Nasrudin partit, et retourna sur la place du village une heure plus tard avec un regard furieux sur son visage.

– Que s'est-il passé ? demandèrent les villageois. Peux-tu lire maintenant ?

– En effet, je le peux, répondit Nasrudin, mais ce n'est pas pour cela que je suis revenu. Maintenant, où est ce vaurien de Fakir ?

– Mulla, dirent les gens, il t'a appris à lire en une minute. Alors qu'est-ce qui te fait penser que c'est une canaille ?

– Eh bien, expliqua Nasrudin, je lisais juste un livre qui affirmait : "Tous les Fakirs sont des escrocs".

300. Le Délice de Nasrudin

Nasrudin et deux autres voyageurs s'arrêtèrent pour manger le déjeuner que chacun d'eux avait préparé pour leur voyage.

L'un des voyageurs se vanta :

– Moi, je ne mange que des pistaches grillées salées, des noix de cajou et des dattes.

L'autre dit :

– Et moi, je ne mange que du saumon séché.

Puis les deux hommes regardèrent Nasrudin, pour entendre ce qu'il allait dire.

Quelques secondes plus tard, Nasrudin brandit un morceau de pain et annonça avec assurance :

– Eh bien, je ne mange que du blé, moulu et soigneusement mélangé avec de l'eau, de la levure et du sel, puis cuit à la bonne température pendant un certain temps.

301. Je Pense seulement aux Autres

Le moine :

– J'ai franchi un niveau incroyable de détachement de moi-même à tel point que je ne pense qu'aux autres, et jamais à moi.

Nasrudin :

– Eh bien, j'ai atteint un état plus avancé que cela.

Le moine :

– Comment cela ?

Nasrudin :

– Je suis tellement objectif que je peux regarder une autre personne comme si elle était moi, et ce faisant, je peux penser à moi !

302. Un jour de froid

C'était une froide journée d'hiver, et un homme chaudement vêtu remarqua Nasrudin dehors et très peu vêtu.

– Mulla, dit l'homme, dis-moi, comment se fait-il que je porte tous ces vêtements et que j'ai encore un peu froid, alors que tu ne portes presque rien et que tu ne sembles pas affecté par la température ?

– Eh bien, répondit Nasrudin, je n'ai plus de vêtements, donc je ne peux pas me permettre d'avoir froid, alors que tu as beaucoup de vêtements, et donc la liberté d'avoir froid.

303. Diner ou Prêcher

Un soir, le chef religieux local invita Nasrudin à dîner. Nasrudin, qui n'avait pas beaucoup mangé ce jour-là, était affamé à son arrivée et désirait manger le plus tôt possible.

Mais au bout de deux heures, le chef religieux n'avait toujours pas proposé de nourriture à Nasrudin et a plutôt parlé sans arrêt de divers sujets d'ordre religieux. Alors que Nasrudin s'énervait de plus en plus à chaque minute qui passait, il finit par interrompre l'homme pour lui dire :

– Puis-je vous demander quelque chose ?

– Quoi ? répondit le chef religieux, désireux d'entendre une question religieuse qui l'inciterait à continuer de parler.
– Je me demandais juste, dit Nasrudin, est-ce que l'un des personnages de vos histoires a déjà mangé ?

304. Tu dors ?
Nasrudin était allongé sur son canapé, les yeux fermés.
Son beau-frère s'approcha de lui et lui demanda :
– Est-ce que tu dors ?
– Pourquoi cette question ? Nasrudin lui répondit.
– Je me demandais si tu pouvais me prêter cinq cents dollars, répondit l'autre.
– Eh bien, répondit Nasrudin, revenons à ta première question : Est-ce que je dors ? La réponse est oui, alors laisse-moi tranquille !

305. Le fils cherche femme à épouser.
Nasrudin, sachant que son fils était à la recherche d'une femme, lui demanda quel type de femme il voulait.
– Une qui soit intelligente et expansive, lui répondit ce dernier.
– D'accord, répondit Nasrudin, je vais t'aider à trouver une telle femme.
Dans le cadre de son projet Nasrudin emmena donc son fils sur la place de la ville et le gifla devant tout le monde avant de s'exclamer :
– Voilà ce que tu obtiens pour avoir fait exactement ce que je t'ai dit de faire !
Une jeune femme le vit et lui fit la remarque suivante :
– Arrêtez de le frapper. Comment pouvez-vous le punir pour avoir obéi à ce que vous avez dit ?
Lorsque le fils l'entendit, il se tourna vers son père et lui dit :
– Elle semble être la femme qu'il me faut, tu ne crois pas ?

– Eh bien, répondit Nasrudin, elle est certainement expansive et intelligente, mais il y a peut-être une femme qui te conviendrait encore mieux.

Nasrudin emmena donc son fils sur la place de la ville voisine et répéta la même scène. Cette fois, une jeune femme le vit et lui dit :

– Vas-y, frappe-le. Seul un idiot suivrait des ordres aussi aveuglément.

Quand Nasrudin l'entendit, il dit à son fils :

– La première femme était intelligente et expressive, mais cette femme est à un niveau tout à fait supérieur. Je pense que nous avons trouvé ta future femme.

306. Debout sur une jambe

Un groupe de voleurs s'introduisit chez Nasrudin un soir et exigea l'argent de ce dernier.

Nasrudin répondit :

– Si je le pouvais, je vous donnerais volontiers un million de dollars ; mais malheureusement, je suis à court d'argent en ce moment et je n'ai que ce billet de vingt dollars dans ma poche.

Et en disant cela, Nasrudin sortit le billet et le remit aux voleurs.

Très en colère, ils décidèrent de passer la nuit chez Nasrudin et de le punir. "Restez sur un pied pour le reste de la nuit !" lui demandèrent-ils.

Nasrudin s'exécuta, et les voleurs s'endormirent, tandis que l'un d'eux montait la garde. Au bout d'une heure, le garde dit à Nasrudin :

– Écoute, je te laisse passer à l'autre jambe.

– Oh, merci, répondit Nasrudin. Tu es bien mieux que le reste de ton groupe. Mon argent est dans mes chaussures dans le placard. Tu peux aller le prendre, mais ne leur en donne pas.

307. L'homme à la recherche du bonheur

Un jour, Nasrudin commença à parler avec un homme d'une autre ville. L'homme se lamentait :

– Je suis riche, mais je suis aussi triste et misérable. J'ai pris mon argent et je suis parti en voyage à la recherche du bonheur, mais hélas, je ne l'ai pas encore trouvé.

Alors que l'homme continuait à parler, Nasrudin lui arracha son sac et s'enfuit avec. L'homme le poursuivit mais Nasrudin disparu bientôt hors de sa vue. Caché derrière un arbre il posa le sac dans la rue pour que l'homme le voie.

Lorsque l'homme le rattrapa, il vit le sac, et son expression passa immédiatement de la détresse à la joie. Alors que l'homme dansait pour célébrer la découverte de son sac, Nasrudin se dit :

– C'est une façon d'apporter de la joie à un homme triste.

308. L'homme coincé dans un arbre

Un jour, un homme du coin grimpa dans à un arbre plutôt grand. Mais peu après, alors qu'il essayait de redescendre, il s'est vite rendu compte que ça n'allait pas être aussi facile qu'à la montée. En fait, malgré tous ses efforts, il n'arrivait pas à trouver un moyen de descendre sans risquer de tomber par terre.

Il demanda de l'aide à quelques passants, mais personne ne savait quoi faire. Quelques-uns d'entre eux se rassemblèrent près de lui et essayèrent de l'aider, mais il resta coincé.

Alors Nasrudin qui passait par là conçut un plan. Il lança une corde à l'homme et lui dit :

– Attache ça autour de ta taille.

Les gens du voisinage se demandaient ce que Nasrudin faisait. Ils lui demandèrent donc son plan, mais celui – ci répondit calmement :

– Faites-moi confiance, ça ira.

Quand l'homme eut la corde attachée autour de sa taille, Nasrudin tira dessus et l'homme tomba de l'arbre et se blessa. Les spectateurs, horrifiés de voir cela se produire, firent la remarque suivante :

– Quel genre de plan était-ce donc ?

– Eh bien, répondit Nasrudin, j'ai déjà sauvé la vie de quelqu'un en faisant exactement la même chose.

– Êtes-vous sûr ? demanda un homme.

– Oui, répondit Nasrudin. La seule chose dont je ne suis pas sûr, c'est si je l'ai sauvé d'un puits ou d'un arbre.

309. Nasrudin poursuivi en justice par sa nouvelle épouse

Environ un an après la mort de sa première femme, Nasrudin épousa une veuve. Un soir, alors qu'ils étaient couchés dans leur lit, elle lui dit :

– Tu sais, mon premier mari était vraiment une personne exemplaire.

Nasrudin, agacé d'entendre parler de son premier mari, répondit :

– Eh bien, ma première femme était incroyablement belle et charmante.

– Eh bien, répondit-elle, mon premier mari était très élégant.

– Ma première femme était une excellente cuisinière, répliqua Nasrudin.

– Mon premier mari était un brillant mathématicien, répondit l'autre.

– Ma première femme était une organisatrice magistrale.

– Mon premier mari était remarquablement fort.

Et alors qu'ils continuaient tous deux à faire l'éloge de leurs conjoints décédés, Nasrudin s'énerva au point de pousser sa nouvelle femme hors du lit, lui causant une blessure à la main.

Furieuse et en quête de justice, elle l'emmena voir le juge local et lui raconta ce qui s'était passé. Après que le juge eut entendu son récit, il se tourna vers Nasrudin et lui dit :

– Maintenant, écoutons ta version des faits.

– Votre honneur, dit Nasrudin, nous avons un lit qui ne convient qu'à deux personnes. Mais hier soir, quand ma première femme et le premier mari de ma nouvelle femme ont été ajoutés, celle-ci a été poussée du lit, tomba et se blessa à la main.

310. La vache coincée

Un jour, une vache qui s'abreuvait, se retrouva la tête coincée dans l'étroit passage pour accéder à l'abreuvoir. Le propriétaire de la vache et divers passants remarquèrent ce qui se passait, et certains essayèrent même de dégager la tête de la vache - mais hélas, celle-ci resta coincée.

Nasrudin qui passait s'arrêta.

– Que se passe- t-il ?demanda Nasrudin.

– La tête de ma vache est coincée, répondit le propriétaire de l'animal, et nous ne savons pas quoi faire. Mulla, as- tu une idée ?

Nasrudin examina la vache et l'abreuvoir, puis décréta :

– Coupez la tête de la vache.

Alors l'homme suivit les conseils de Nasrudin et fit tomber la tête de la vache dans le l'abreuvoir.

– Que dois-je faire maintenant ? demanda l'homme.

– Cassez l'abreuvoir, répondit Nasrudin, et retirez la tête de la vache.

311. La chute de la chemise

Un jour, alors que Nasrudin et sa femme étaient assis dans leur cour, une soudaine rafale de vent emporta une chemise de la corde à linge sur le toit, jusqu' aux pieds de la femme. Après avoir vu cela, Nasrudin commença à remercier Dieu.

– Mari, lui demanda sa femme, pourquoi remercies-tu Dieu après avoir vu ta chemise tomber du toit ?

L'autre lui expliqua :

– Je remercie Dieu de ne pas avoir été en chemise à ce moment-là.

312. Nasrudin est perdu

Un jour, Nasrudin se perdit dans la forêt, et alors que les heures passaient et que la nuit approchait, il n'avait toujours pas trouvé la sortie. Fatigué, affamé et alarmé, Nasrudin s'agenouilla à terre et se mit à prier :

– Cher Dieu. S'il te plaît, aide-moi à trouver la sortie. Si tu le fais, je te promets de prier régulièrement et d'être plus religieux. Je te donne ma parole.

Alors qu'il priait, un oiseau passa au-dessus et lui fienta sur la tête.

– Dieu, dit Nasrudin, s'il te plaît, ne me donne rien de tout ça maintenant, je suis sérieusement perdu !

313. Vos yeux sont très rouges

Nasrudin, souffrant d'une irritation des yeux, alla voir un médecin.

Celui-ci l'examina et lui dit :

– Vos yeux sont très rouges.

– Est-ce qu'ils font aussi mal ? demanda Nasrudin.

314. Rêves de lutte

Un jour, Nasrudin alla voir le médecin local et lui dit :

– Chaque nuit depuis un mois et demi, je fais des rêves dans lesquels j'ai des compétitions avec des ânes.

Le médecin lui donna une simple et lui dit :

– Prends ceci, et tes rêves cesseront.

– Je peux commencer à les prendre demain ? demanda Nasrudin.

– Pourquoi ? demanda le docteur.

– Parce que je dois participer au match de championnat ce soir, répondit Nasrudin.

315. Nasrudin se fiance

Nasrudin, qui vient de se fiancer à une nouvelle femme en ville, se rend chez elle pour rencontrer sa future belle-mère.

– Dis-moi, dit-elle, es-tu sûr que c'est la première fois que tu te maries ?

– Oui, répondit Nasrudin, je le jure sur mes quatre enfants que je n'ai jamais été marié auparavant.

316. Nasrudin offre des fraises à un ami

Nasrudin recevait un ami chez lui.

– Prends un peu de ces fraises, lui dit Nasrudin.

– Merci, répondit l'ami, mais j'en ai déjà mangé cinq.

– D'ordinaire, je ne compte pas, répondit Nasrudin, mais en fait tu en as mangé dix.

317. La malédiction de Nasrudin

Un des ennemis de Nasrudin remarqua que l'âne de ce dernier était attelé devant un magasin, et commença à uriner sur son harnais. Quelques secondes plus tard, Nasrudin prit l'homme en flagrant délit.

– Espèce de scélérat ! Par la grâce de Dieu, je t'ai jeté une malédiction et dans une semaine, tu te blesseras gravement à la jambe.

L'homme, tout à fait affligé d'entendre la malédiction, commença à s'inquiéter que ça puisse se réaliser ; et alors qu'il s'éloignait de Nasrudin, plein d'anxiété et de peur, il trébucha accidentellement sur un rocher. Une fois à terre, il se tint la jambe et s'exclama :

– Oh, ma jambe ! La douleur est atroce. Nasrudin, tu avais dit que je me blesserais dans sept jours, et pourtant, me voilà avec une jambe cassée, quelques secondes seulement après ta malédiction.

– Alors c'était le résultat du mauvais sort de quelqu'un d'autre, répondit Nasrudin. Quand ma malédiction se réalisera, tu devras ramper à quatre pattes.

318. Instructions

Nasrudin était très vieux et sur le point de mourir.

Il se tourna vers sa femme et lui dit :

– Après ma mort et mon enterrement, ne mets pas de dalle en pierre sur mon corps.

– Pourquoi ? lui demanda-t-elle.

– Parce que, expliqua Nasrudin, je ne veux pas m'y cogner la tête quand je monterai au ciel.

319. Le voleur

Une nuit, un voleur s'introduisit dans la maison de Nasrudin et commença à mettre des objets dans un sac. Nasrudin le rejoignit et rajouta quelques objets.

Le voleur était tellement ahuri qu'il se tourna vers Nasrudin et lui demanda :

– Mais qu'est-ce que tu fais ?

– Eh bien, répondit Nasrudin, je pensais que nous déménagions, alors j'ai commencé à t'aider à emballer.

320. Donne-moi un crayon et un bout de papier

Une nuit, Nasrudin se réveilla et s'écria :

– Femme ! Lève-toi, s'il te plaît ! Je viens d'être divinement inspiré ! Apporte-moi un crayon et un morceau de papier tout de suite !

Sa femme alluma une bougie, alla chercher le crayon et le papier, et les remit à Nasrudin.

Nasrudin écrivit rapidement, et était sur le point d'éteindre la bougie et de se rendormir lorsque sa femme s'exclama :

– Attends. S'il te plaît, lis-moi ce que tu as écrit.

Nasrudin prit le papier et lut :

– Où que tu ailles, tu es là.

321. Le Docteur

Un matin, la femme de Nasrudin se sentit malade et lui demanda d'aller chercher un médecin. Alors qu'il s'habillait et se précipitait hors de la maison, sa femme lui cria :

– Je me sens soudain mieux. Je n'ai plus besoin d'un médecin.

Nasrudin continua à courir hors de la maison jusqu'à ce qu'il arrive chez le médecin. Le médecin ouvrit la porte et Nasrudin commença à lui expliquer :

– Docteur, ma femme était malade ce matin et m'a dit d'aller chercher un médecin. En sortant de la maison, elle s'est soudainement remise et m'a dit qu'elle n'avait plus besoin de vous. Je suis donc venu ici pour vous dire que vous n'avez pas besoin de vous déranger pour venir chez nous.

322. Le concours d'haltérophilie

Un jour, alors que Nasrudin et d'autres habitants bavardaient sur la place de la ville, un concours de vantardise se développa rapidement au sein du groupe. Un par un, ils parlèrent des exploits étonnants qu'ils avaient accomplis, chaque histoire semblant plus farfelue que la précédente.

Finalement, après avoir écouté tout le monde, Nasrudin se leva et prit la parole.

– Il y a longtemps, tous les hommes de la ville voulaient connaître le plus fort d'entre eux. Il y avait cet énorme pilier renversé, près de l'épicerie, et ils décidèrent de savoir si l'un d'eux pouvait le soulever. Chacun essaya, et un par un ils échouèrent. Gardez à l'esprit que c'étaient des hommes costauds et musclés. Alors je me suis levé. J'ai frotté mes mains l'une contre l'autre, et j'ai saisi le pilier pendant que tous les autres regardaient.

– Oui, continue ! dirent les autres. Et ensuite, que s'est-il passé ?

– Et puis j'ai découvert que je ne pouvais pas le soulever non plus ! répondit Nasrudin.

323. La découverte de Nasrudin

Nasrudin accrochait un tableau dans sa chambre. En enfonçant le clou, il frappa accidentellement trop fort et fit un grand trou dans le mur. Il regarda à travers et vit des chèvres de l'autre côté, sans réaliser qu'il regardait dans le jardin de son voisin.

Nasrudin immédiatement courut vers sa femme et s'écria :

– Femme ! Tu ne vas pas le croire ! Devine quoi !

– Quoi ? lui répondit-elle.

– J'accrochais un tableau dans ma chambre, et... tu ne vas pas le croire ! s'exclama Nasrudin.

– Quoi ! demanda sa femme avec curiosité.
– Mon marteau a traversé le mur, et... c'est vraiment incroyable, dit Nasrudin.
– Quoi ? répondit sa femme, maintenant totalement impatiente.
– J'ai accidentellement découvert un autre univers, dans ma chambre - un univers de chèvres !

324. Nasrudin, le fier parent

Nasrudin surveillait ses enfants avec un ami. L'ami demanda au plus jeune fils de Nasrudin :
– Qu'est-ce qu'un dilettante ?
Celui-ci répondit :
– C'est une herbe utilisée pour l'assaisonnement.
Nasrudin, ravi, se tourna vers son ami et lui dit :
– Tu as entendu ça ? Quel fils intelligent j'ai ! Tout comme son père. Il a inventé une réponse tout seul !

325. La demande de prêt

– J'ai vraiment besoin d'emprunter quatre mille dollars pour trois mois. Peux-tu m'aider ?
– Eh bien, répondit Nasrudin, je peux satisfaire la moitié de ta demande de prêt.
– OK ; c'est bon, dit l'ami, je suis sûr que je peux trouver les deux mille autres dollars ailleurs.
– Tu m'as mal compris, expliqua Nasrudin. La moitié de ta demande de prêt que j'ai acceptée, c'était le temps : les trois mois. Quant aux quatre mille dollars, je ne peux pas te les accorder, ne les ayant pas.

326. Têtu

Nasrudin et sa femme se disputèrent pour savoir qui devait faire les semailles de blé. Ils décidèrent de faire un pari. Celui qui parlerait le premier devrait planter le blé. Sa femme alla alors acheter les grains.

Alors que Nasrudin attendait à la maison, un voleur entra par effraction et vola tout. Pendant tout ce temps, Nasrudin est resté sans voix, déterminé à ne pas perdre le pari avec sa femme.

Quand sa femme rentra, elle vit le voleur partir avec les biens. Elle entra dans la maison presque vide et cria à Nasrudin :

– Espèce d'idiot de fils de...

Nasrudin l'interrompit et lui dit :

– Tu as perdu le pari. Maintenant va planter le blé, et profites-en pour réfléchir à ce qui t'est arrivé à cause de ton obstination !

327. L'addition du restaurant

Le juge Nasrudin présidait une affaire. Le plaignant arriva le premier et s'exclama :

– Le défendeur refuse de payer sa note de restaurant !

– J'aurais bien voulu, répondit le défendeur, mais il m'a demandé 200 dollars pour trois œufs durs !

– Est-ce vrai ? demanda Nasrudin au plaignant.

– Eh bien, répondit l'autre, comme je lui ai expliqué plus tôt, ces œufs auraient pu éclore et donner des poules, qui auraient à leur tour produit plus d'œufs, qui auraient à leur tour donné encore plus de poules, et ainsi de suite, et ainsi de suite. De mon point de vue, ces trois œufs m'auraient rapporté des centaines de dollars en poulets et œufs.

– OK, répondit Nasrudin. Attends ici pendant que je vais planter des pois bouillis dans mon jardin.

– Mais M. le juge, dit le plaignant, les pois bouillis ne pousseront pas.

– Dans ce cas, répondit Nasrudin, cette affaire est rejetée !

328. Le bon endroit

Un homme remarqua que Nasrudin creusait un trou, et lui posa des questions à ce sujet.

La réponse fut :

– J'ai enterré quelque chose dans ce champ le mois dernier, et j'ai essayé de le trouver toute la matinée.

– Eh bien, dit l'autre, avez-vous une sorte de système de marquage pour cela ?

Nasrudin répondit :

– Bien sûr que j'en avais un ! Quand je l'ai enterré, il y avait un nuage directement au-dessus qui jetait une ombre ; mais maintenant je ne peux pas trouver ce nuage non plus !

329. L'âne perdu

Nasrudin perdit son âne et commença à prier Dieu en disant :

– Si tu m'aides à retrouver mon âne, je donnerai mille dollars à la charité.

Une heure plus tard, il retrouva l'âne, puis pria à nouveau, cette fois en disant :

– Oh, merci mon Dieu, je te suis reconnaissant de ton aide. En fait, je promets de donner les mille dollars que j'ai promis, plus un millier de dollars supplémentaires, si tu m'aides à trouver dix mille dollars.

330. Courir et chanter

Nasrudin courait et chantait en même temps. Alors qu'il passait à côté de plusieurs personnes, l'une d'entre elles, très curieuse du comportement plutôt bizarre de Nasrudin, décida de courir après lui et de l'interroger à ce sujet. Nasrudin, cependant, ne semblait pas le remarquer, et continua sa course en chantant tandis que l'autre homme le suivait.

Alors qu'ils traversaient un autre quartier de la ville, un autre homme les remarqua, et il devint lui aussi si curieux qu'il décida de les suivre. Une minute plus tard, Nasrudin s'arrêta finalement, et ses deux compagnons firent de même, juste à côté de lui.

Après quelques secondes de silence, le premier adepte décida de donner à son disciple une chance de poser sa question au mollah.

– Mulla Nasrudin, dit l'homme. Pourquoi diable courais-tu et chantais-tu ?

Nasrudin répondit :

– Eh bien, les gens me disent toujours que j'ai une belle voix quand on l'entend de loin, alors maintenant je veux l'entendre aussi !

331. Tard une nuit

Tard une nuit, un agent de sécurité local repéra Nasrudin qui se tenait à l'extérieur de sa maison et qui ouvrait la fenêtre de sa propre chambre.

– Nasrudin, dit le gardien, qu'est-ce que tu fais ? Tu t'es fait enfermer dehors ?

Nasrudin répondit :

– S'il te plaît, reste tranquille. On m'a dit que je marchais dans mon sommeil, alors j'essaie de me faufiler et de découvrir de quoi je parle.

332. Cet arbre a quatre mille ans

Le scientifique :

– D'après nos calculs, cet arbre a quatre mille ans.

Nasrudin :

– Non, il a quatre mille deux ans.

– Oh allez, qu'est-ce qui te fait dire ça ?

– Parce que tu m'as dit que cet arbre avait déjà quatre mille ans quand j'étais venu ici avec toi il y a deux ans !

333. La porte

L'ami :

– Mulla, pourquoi as-tu toujours une porte avec toi ?

Mulla :

– Oh, c'est juste une mesure de sécurité : puisque la seule façon d'entrer chez moi est par la porte, j'emporte toujours la porte avec moi !

334. Une superbe maison ?

Nasrudin inspectait une maison qu'il voulait acheter. Le voisin le remarqua, s'approcha et commença à lui dire à quel point c'était une superbe maison.

Quand il eut fini de parler, Nasrudin fit la remarque suivante :

– Ce que tu dis est peut-être vrai, mais il y a un inconvénient à vivre ici dont tu as négligé de me parler.

– C'est quoi ?

– Un voisin fouineur !

335. Nasrudin poursuivi en justice

Nasrudin parcourait la ville en affirmant que « tous les sages de cette ville réunis ne savent rien ». Un jour, un groupe d'entre eux poursuivit Nasrudin en justice et lui demandèrent de revenir sur sa déclaration, sous peine d'être puni.

– OK, dit Nasrudin.

Il présenta à chacun d'entre eux un morceau de papier et un crayon, et leur fit remarquer :

– Maintenant, chacun d'entre vous doit écrire une réponse à cette question : – Qu'est-ce que la merde ?

Ils écrivirent tous une réponse et la remirent au juge, qui les lut toutes à haute voix.

– Le scientifique a écrit que la merde est une composition d'eau et de déchets alimentaires.

– Le philosophe a écrit que c'est la manifestation d'un être vivant des thèmes dominants de l'univers, à savoir les cycles et les changements.

– Le médecin a écrit que c'est la matière qui est passée dans le corps dans le cadre de la régularité des intestins et de la bonne santé.

– Le chef religieux a écrit que c'est un symbole de nos péchés qui passent par notre corps.

– La voyante a écrit que c'est la matière qui peut être utilisée pour dire notre avenir.

Après avoir entendu ces réponses, Nasrudin fit la remarque suivante :
– Vous voyez ce que je veux dire, tous ces sages réunis ne savent rien."

336. Subventions gouvernementales

Un fermier dit à Nasrudin :
– Cette ville me plait vraiment. J'ai planté des cultures d'orge l'année dernière, et quand elles ont été détruites par la pluie et les inondations, le gouvernement m'a indemnisé pour cette perte.
– Oh, cela semble vraiment généreux, répondit Nasrudin.
Et puis après avoir réfléchi quelques instants, il poursuivi la conversation en demandant :
– Connais-tu un moyen de provoquer une inondation ?

337. Un oiseau me sauva la vie

Nasrudin marchait dans le désert, et repéra un saint étranger. Nasrudin alla se présenter, et le saint dit :
– Je suis un mystique dévoué à l'appréciation de toutes les formes de vie et en particulier les oiseaux.
– Oh, merveilleux, répondit Nasrudin. Je suis un Mulla, et j'aimerais rester un peu avec vous afin de partager nos connaissances. Et devinez quoi - un oiseau m'a sauvé la vie une fois !
Ravi d'entendre cela, le mystique accepta de tenir compagnie à Nasrudin. Pendant qu'ils partageaient leurs connaissances, le mystique demandait constamment comment un oiseau avait sauvé la vie de Nasrudin ; mais chaque fois, celui-ci refusait de raconter l'histoire. Un jour, après que le mystique ait plaidé et supplié pour entendre l'histoire, Nasrudin finalement accepta.
– OK, voici comment l'oiseau m'a sauvé la vie, commença Nasrudin en expliquant pendant que le mystique écoutait attentivement. Un jour, il y a environ six ans, je n'avais pas mangé depuis très longtemps et j'étais sur le point de mourir de faim. Puis j'ai attrapé un oiseau et je l'ai mangé.

338. Efficacité ?

Nasrudin travaillait pour un employeur qui se plaignit à lui un jour.

– Tu es trop lent, disait-il. Il n'y a aucune raison pour que tu ailles au bazar trois fois de suite pour acheter du matériel ; tu peux sûrement tout faire en même temps.

Quelques jours plus tard, l'employeur dit à Nasrudin :

– Je suis malade, va chercher un médecin.

Nasrudin revint avec un médecin et deux autres personnes, ce qui amena son employeur à demander :

– Qui sont les deux autres personnes ?

– Eh bien, expliqua Nasrudin, pour m'éviter de faire des voyages supplémentaires, j'ai aussi amené l'imam, au cas où nous devrions prier pour votre rétablissement ; et le croque-mort, au cas où vous mourriez !

339. Comment est ta nouvelle maison ?

Nasrudin : – Comment est ta nouvelle maison ?

Ami : – Très bien, sauf qu'elle manque de lumière naturelle

Nasrudin : – Eh bien, y-a-t-il beaucoup de soleil dans ton jardin ?

Ami : – Oui, beaucoup.

Nasrudin : – Alors, mets ta maison dans ton jardin.

340. Comparaison des palais

Un Indien se trouvait dans la ville de Nasrudin, et se vantait de l'architecture de son pays :

– En Inde, nous avons d'immenses palais avec des centaines de pièces et somptueusement décorés d'or.

– Je ne suis pas impressionné, fit remarquer Nasrudin. Parce que dans la capitale de notre pays, nous avons des palais qui font plus de 5000 mètres de long et...

Et pendant qu'il parlait, un autre Indien passa et a commencé à l'écouter.

– ..et 200 mètres de large. Nasrudin termina.
– C'est assez étrange, répondit le premier Indien. Je n'ai jamais entendu parler d'un bâtiment aux proportions pareilles.
– Eh bien, expliqua Nasrudin, il aurait été beaucoup plus large si votre ami à qui je parlais plus tôt n'était pas survenu au beau milieu de ma description !

341. Nasrudin, l'expert négociateur

Les cerises se vendaient à très bas prix au bazar du village. Comme Nasrudin était un bon négociateur, son ami lui demanda d'acheter des cerises à un prix inférieur à celui du marché. Nasrudin prit l'argent et se rendit au bazar. Il négocia avec le marchand pendant plus de quinze minutes, et les acheta à un prix ridiculement bas.

Il retourna alors chez son ami qui lui demanda comment il s'était démené.

– Très bien, répondit Nasrudin. J'ai flatté et supplié le marchand, Je lui ai donné toutes sortes de raisonnements basés sur l'offre et la demande, et la valeur comparative des marchandises. J'ai fait appel à ses émotions. J'ai vraiment fait un travail de maître. Et crois-moi ou non, je l'ai convaincu de me vendre quinze kilos de cerises avec l'argent que tu m'as donné.

– Wow, répondit l'ami, c'est incroyable.

– Je sais, dit Nasrudin, et je l'ai fait comme tu me l'as demandé. Maintenant, acceptes-tu de me récompenser pour mon travail ?

– Bien sûr, répondit l'ami.

– Alors d'accord, dit Nasrudin, puisque j'ai fait tout le travail, je devrais pouvoir garder toutes les cerises.

342. Quel est le mot pour bébé vache ?

Nasrudin était en visite dans une autre ville, et un homme lui demanda :

– Quel est le mot pour 'bébé vache' dans votre village ?

Nasrudin ne pouvait pas se souvenir du mot, alors il répondit :

– D'où je viens, on n'a pas de mot pour un bébé vache. On attend juste qu'elle grandisse, et on l'appelle alors vache !

343. Analyse du yaourt

Un jour, Nasrudin se tourna vers sa femme et lui dit :
– Ma chère femme, s'il te plaît, apporte-moi du yogourt à manger. C'est délicieux, nutritif, et ça nous permet de rester mince et nous donne beaucoup d'énergie.
Sa femme lui répondit :
– Nous n'avons pas de yaourt.
– Oh, dit Nasrudin. C'est bien que nous n'en ayons pas, parce que le yaourt a un goût fade, aucune valeur nutritive, fait grossir et rend paresseux.
– Attends une seconde, répondit-elle, tes déclarations sont en contradiction les unes avec les autres. Laquelle dois-je croire ?
– Eh bien, dit Nasrudin. Si nous avions du yaourt à la maison, alors tu aurais dû croire ma première déclaration, mais puisque nous n'en avons pas, tu devrais croire la deuxième

344. Du rire aux larmes

Un homme montra une boussole à Nasrudin et lui demanda ce que c'était. Nasrudin se mit immédiatement à rire. Mais quelques secondes plus tard, il se mit à pleurer.
L'homme remarqua son comportement bizarre et lui demanda :
– Qu'est-ce qu'il y a ? Pourquoi riais-tu il y a quelques secondes, et puis tout d'un coup tu te mets à pleurer ?
– Pour commencer, répondit Nasrudin, je me moquais de toi parce que tu ne savais pas ce qu'était cet objet ; mais ensuite j'ai réalisé que je ne savais pas non plus ce que c'était, alors j'ai pleuré.

345. Superstition

Le maire du village était très superstitieux. Un jour, alors qu'il chassait, il aperçut Nasrudin et cria immédiatement à ses hommes :

– Les Mullas portent malheur un mardi. Attrapez-le et expulsez-le !

Ils s'exécutèrent, et eurent une chasse fructueuse. Le lendemain, le maire vit Nasrudin et lui dit :

– Désolé pour hier. Je pensais que tu portais malheur.

– Je suis la malchance ! Nasrudin répondit. Tu m'as vu hier, et tu as fini par bien chasser. Je t'ai vu, et j'ai fini par me faire botter le derrière !

346. Un litre de lait

Nasrudin apporta un petit récipient au laitier et lui dit :

– Donne-moi un litre de lait de vache.

Le laitier regarda le récipient de Nasrudin et lui dit :

– Ton récipient est bien trop petit pour un litre de lait de vache.

– OK, donne-moi un litre de lait de chèvre alors.

347. Qui est ton meilleur ami ?

L'homme :

– Nasrudin, dis-moi : qui est ton meilleur ami ?

Nasrudin :

– Mon meilleur ami est la personne qui me nourrira le mieux.

– D'accord. Je te nourrirai le mieux. Tu es mon meilleur ami maintenant ?

– L'amitié ne peut pas être accordée à crédit !

348. Apporte ceci chez moi

Nasrudin acheta un objet lourd au bazar. Il se tourna vers un porteur et lui dit :

– Apporte ça chez moi.

Le portier lui demanda :

– D'accord, et où habites-tu ?

– Es-tu fou ? Nasrudin lui répondit. Je ne te connais pas, tu es peut-être un criminel, je serais fou de te dire où se trouve ma maison !

349. Partager un repas

Nasrudin et un ami allèrent au restaurant pour diner ensemble, mais ne pouvaient se décider entre du poisson ou de la chèvre. Après de nombreuses discussions, l'ami gagna le débat : ils acceptèrent de commander du poisson et informèrent le serveur de leur choix.

Quelques instants plus tard, l'ami remarqua qu'un homme lui volait son âne, et sortit en courant pour essayer de l'attraper. Nasrudin se leva immédiatement avec un regard très inquiet. Un autre homme le vit et lui demanda :

– Tu vas aller faire une déclaration de vol ?

– Non ! Nasrudin répondit en criant : Je vais voir si je peux changer notre commande avant qu'il ne soit trop tard !

350. Mésaventure en Inde

Nasrudin se rendit en Inde pour un voyage d'affaires, et avait très faim. Il trouva un homme qui vendait ce qui semblait être des fruits et en acheta un énorme panier. Lorsqu'il en croqua un et commença à le grignoter, il se mit à transpirer abondamment, ses yeux coulaient et il devint écarlate ; mais continua à manger.

Il repéra alors un Iranien et lui dit :

– Mon ami, ce sont des fruits rares qu'ils ont ici en Inde.

L'Iranien lui répondit :

– Quoi ! Ce ne sont pas du tout des fruits - ce sont des piments indiens, et si vous continuez à les manger comme ça, votre derrière sera en feu demain ! Ils sont utilisés en très petites quantités dans les plats indiens, ils ne sont pas consommés comme des fruits. Arrêtez de les manger et jetez-les !

– Impossible. Je ne peux sûrement pas arrêter de les manger ! répondit Nasrudin.

– Pour l'amour de Dieu, pourquoi pas ? demanda l'Iranien.

– Je n'ai pas le choix, je les ai déjà payés, dit Nasrudin. Ce n'est plus de la nourriture que je mange, c'est mon argent.

351. Buvez pour moi, buvez pour vous
Nasrudin était au centre d'études du village. Il dit à son ami :
– Je vais aller me chercher un verre d'eau.
L'ami lui répondit :
– D'accord, prends-en un aussi pour moi.
Nasrudin revint quelques minutes plus tard, et fit la remarque suivante :
– Après avoir bu, j'ai essayé de boire un verre pour toi, mais j'étais déjà plein !

352. Nasrudin visite le cimetière
Nasrudin était assis près d'une tombe au cimetière, pleurant et se lamentant :
– Oh, pourquoi, pourquoi a-t-il dû nous quitter si tôt !
Un homme remarqua que Nasrudin pleurait et voulut le réconforter. Il lui dit :
– Est-ce la tombe de votre fils que vous pleurez ?
Nasrudin répondit :
– Non, c'est la tombe du premier mari de ma femme. C'est lui qui est mort, et il m'a laissé la femme qui a rendu ma vie si misérable !

353. La condamnation de Nasrudin
Nasrudin fut traduit en justice pour avoir volé une pastèque. Le juge s'exclama :
– Nasrudin, je dois te donner une amende pour ce que tu as fait.
– Ce n'est pas nécessaire dit Nasrudin. Tu peux juste utiliser cela contre tous les crédits que j'ai accumulés pour les fois où je n'ai rien volé.

354. Nasrudin perd la mémoire

Nasrudin : – Docteur, je perds la mémoire.

Docteur : – Quand cela a-t-il commencé ?

Nasrudin : – Quand est-ce que quoi a commencé ?

(LA SEMAINE SUIVANTE)

Docteur : – Votre mémoire s'améliore-t-elle ?

Nasrudin : – Oui, maintenant je peux généralement me rappeler que j'ai oublié quelque chose !

355. Les vacances de Nasrudin

Nasrudin travaillait pour Nike, mais ne se présenta pas à son travail pendant une semaine.

Quand il revint, son patron lui demanda :

– Où étais-tu la semaine dernière ?

Nasrudin répondit :

– Oh, je faisais juste ce qu'on m'avait dit de faire.

– Quoi ? lui répondit le patron.

– Eh bien, expliqua Nasrudin, j'allais te demander des vacances la semaine dernière, mais je me suis souvenu que la devise de notre entreprise était "Just Do It" (Juste fais-le).

– Et alors ? remarqua le patron.

– Alors je l'ai fait...

356. Quitter ce village

Le maire du village alla voir Nasrudin et lui dit :

– Je déteste être porteur de mauvaises nouvelles, mais tu dois quitter ce village. Les gens en ont assez de tes âneries et ont tous unanimement demandé à ce que tu partes immédiatement !

– Ah, répondit Nasrudin, mais ils ont tort de me demander de partir. En fait, ce serait bien plus justifié de leur dire à eux de partir.

– Et pourquoi cela ? demanda le maire.

– Eh bien, répondit le mollah, c'est simplement une question d'équité. Il ne serait pas raisonnable d'attendre de moi - un homme - que je vive seul au milieu de nulle part, que je construise une maison et que je démarre une ferme. Les villageois, par contre, peuvent tous partir ensemble et former facilement un autre village !

357. Souviens-toi

Nasrudin et sa femme étaient tous deux en concurrence, et un jour, ils décidèrent de jouer au jeu "Souviens-toi". (Chaque personne doit dire les mots "souviens-toi" chaque fois que l'autre participant lui remet un objet.)

Après plusieurs mois de jeu, Nasrudin décida de partir pour un long voyage et de revenir avec un cadeau, dans l'espoir que sa femme oublie de dire "Souviens-toi" lorsqu'elle accepterait le cadeau.

Un an plus tard, il rentra avec le cadeau, sûr que sa patience et sa planification étonnantes allaient payer. Lorsque sa femme répondit à la porte, elle, tenant un bébé dans ses bras, lui annonça :

– Voici ton nouveau fils !

Nasrudin fut pris tellement au dépourvu qu'il embrassa le bébé immédiatement, poussant sa femme à s'exclamer immédiatement 'Tu as oublié'.

358. Des pêches pour salaire

Nasrudin venait d'emménager dans une nouvelle ville et avait un grand besoin d'argent. Il accepta alors de cueillir des pêches dans le verger d'un homme du coin pour cinquante dollars par jour.

Cependant, après avoir travaillé toute une journée, il alla chercher son salaire, mais le propriétaire du verger lui dit qu'il n'avait pas d'argent.

– Mais écoute, ajouta-t-il. Reviens ici demain après-midi, et je te laisserai manger autant de pêches que tu veux.

Nasrudin, très déçu, accepta à contrecœur ; et le lendemain, il arriva au verger à midi précis. Quelques secondes plus tard, il monta sur une échelle au sommet d'un arbre, attrapa une pêche et commença à la manger rapidement.

Le propriétaire du verger, assez intrigué par le comportement de Nasrudin, ne pouvait s'empêcher de lui poser des questions à ce sujet.

– Mulla, dit-il : Pourquoi diable as-tu choisi de manger du haut de cet arbre ? Ne serait-il pas plus simple de prélever les pêches sur des branches plus proches du sol ?

– Ça ne marchera pas, répondit Nasrudin.

– Et pourquoi pas ? demanda l'homme avec curiosité.

– Eh bien, répondit Nasrudin, n'as-tu jamais entendu le dicton : Si vous balayez les escaliers, commencez par le haut.

– Qu'est-ce que cela a à voir ? demanda l'homme.

– C'est simple, répondit Nasrudin. Si je ne suis pas systématique et que je ne commence pas par le haut de chaque arbre, comment pourrai-je manger toutes les pêches de ce verger avant la fin de journée ?

359. Barbe religieuse

Un jour, le chef religieux de la ville prêchait aux habitants.

– Les religieux ont de la barbe ! proclama-t-il. Une barbe épaisse est la manifestation extérieure de la sainteté !

– Ma chèvre a une barbe plus épaisse que celle de n'importe qui dans cette ville, répondit Nasrudin. Voulez-vous dire qu'elle est plus religieuse que nous tous ?"

360. Es-tu moi ou suis-je toi ?

Un jour, Nasrudin heurta sur un autre homme, les envoyant tous les deux à terre.

– Oh, excuse-moi, dit Nasrudin. Es-tu moi, ou suis-je toi ?

– Je suis moi, dit l'homme, et quant à toi, tu dois être une sorte de psychopathe, à me poser une telle question.

– Oh, je ne suis pas un psychopathe, répondit Nasrudin. C'est juste que nous nous ressemblons, et lorsque nous nous sommes heurtés et que nous sommes tombés, j'ai pensé que nous nous étions peut-être mélangés en tombant.

361. Que dois-je faire ?

L'ami de Nasrudin était continuellement inquiet et angoissé à propos de tout.

Un jour, il alla voir Nasrudin et l'interrogea :

– Que dois-je faire si je me lève tôt le matin et qu'il fait si sombre que je me heurte à quelque chose et que je me blesse ?

Nasrudin répondit :

– Te lever plus tard dans la matinée.

362. M. Je-sais-tout

Au milieu d'une conversation avec ses amis, la femme de Nasrudin fit la remarque suivante :

– Mon mari agit toujours comme s'il savait tout

Alors qu'elle et ses amies discutaient de la question, Nasrudin entra et demanda aux dames de quoi elles parlaient.

– Oh, dit sa femme, nous parlions juste de la cuisson du pain.

– Eh bien, répondit Nasrudin, alors il est normal que j'entre dans la discussion. Après tout, je suis l'un des plus grands boulangers du monde.

– Oh vraiment ? répondit-elle en levant les yeux au ciel à l'intention de ses amies. Eh bien, je suis sûre que tu l'es. Mais laisse-moi te demander une chose ; et ne crois pas que je doute de toi en aucune manière.

– Qu'est-ce que c'est ? demanda Nasrudin.

– Pendant toutes ces années de mariage, comment se fait-il que je ne t'ai jamais vu faire le moindre pain ? dit sa femme.

– C'est facile à expliquer, répondit Nasrudin. C'est juste que les bons ingrédients n'ont jamais été réunis en même temps. Quand il y a de la farine, il n'y a pas de levure. Quand il y a de la levure, il n'y a pas de farine. Et quand il y a à la fois de la farine et de la levure, je ne suis pas là moi-même.

363. Cambriolage à l'envers
Une nuit, la femme de Nasrudin le réveilla et lui dit :
– Mari, il y a des cambrioleurs dans la maison.
– Es-tu certain ? Nasrudin répondit.
– Oui, répliqua-t-elle. Ils ont laissé des paquets de biens volés à d'autres personnes devant notre porte, et ils sont dans notre maison en ce moment même, en train de prendre nos affaires.
– D'accord, je vais m'en occuper, dit Nasrudin en sortant du lit et en se mettant à grimper par la fenêtre.
– Vas-tu contacter la police ? lui demanda sa femme.
– Non, dit Nasrudin. Pendant que les voleurs sont en train de nous cambrioler, je vais leur voler les ballots qu'ils ont laissés dehors.

364. Chameau ou homme ?
Ami : – Nasrudin, quel est le plus sage : le chameau ou l'homme ?
Nasrudin : – Le chameau
– Pourquoi ?
– Parce qu'un chameau porte des charges mais ne demande pas plus, alors que l'homme, même s'il est accablé de responsabilités, choisit souvent d'en rajouter.

365. Remboursement du prêt de Nasrudin
Nasrudin devait de l'argent à son cousin, mais l'évita pendant des semaines. Finalement, leurs chemins se croisèrent un jour.
– Je sais que tu m'évites, dit le cousin, mais hélas pour toi, nous nous sommes finalement rencontrés. Qu'en est-il des deux cents dollars que tu me dois ?
Nasrudin, sachant que son cousin était extraordinairement paresseux, répondit :

– Bien sûr, suis-moi jusqu'à chez moi, à deux kilomètres de là, et je serai heureux de te les rendre.
– Eh bien, répondit le cousin, en fait, j'ai à faire. Laisse-moi tranquille, on verra une autre fois.

366. Nasrudin tente de voler une pêche
Un jour, alors que Nasrudin montait sur son âne, il aperçut une pêche bien mûre suspendue par-dessus le mur du verger d'un voisin. Il plaça alors son âne en dessous, se dressa, attrapa une branche, et tendit son autre main vers la pêche.
Mais alors qu'il faisait cela, un bruit fit sursauter son âne et celui-ci s'enfuit, laissant Nasrudin suspendu à l'arbre. Quelques secondes plus tard, le propriétaire du verger repéra Nasrudin et cria :
– Au voleur !
– De quoi parles-tu ? répondit Nasrudin. Je ne vole rien. Ne vois-tu pas de la façon dont je suis suspendu que je suis simplement tombé de mon âne ?

367. Réparateur d'outils
Un jour, Nasrudin emmena ses outils dans un atelier de réparation. Lorsqu'il alla les récupérer le lendemain, le réparateur lui dit :
– Malheureusement, ils ont été volés.
Le lendemain, il en parla à son ami, qui lui a dit :
– Je parie que c'est le réparateur qui a volé tes outils. Retournes-y et exige qu'il te les rende.
– Je ne peux pas faire ça, dit Nasrudin. Je l'évite.
– Pourquoi ? demanda l'ami.
– Parce que je lui dois encore de l'argent pour la réparation de mes outils, répondit Nasrudin.

368. La prière hâtive de Nasrudin

Un jour, Nasrudin étant pressé, se rendit rapidement à la mosquée pour la prière du soir. L'imam vit que le Mulla priait rapidement et lui dit avec colère :

– Ce n'est pas bien de faire des prières aussi précipitamment. Recommence à nouveau.

Nasrudin s'exécuta, et quand il eut fini, le chef religieux lui dit :

–Maintenant, ne penses-tu pas que Dieu a plus apprécié cette deuxième série de prières que les prières pressées que tu faisais ?

– Pas vraiment, répondit Nasrudin. Bien que les premières aient étés pressées, elles s'adressaient à Dieu. Mais celles que tu m'as fait faire ont été faites à ton intention.

369. Nasrudin doit de l'argent au gouvernement

Le gouvernement local a exigé de Nasrudin qu'il paie les cinq mille dollars d'arriérés d'impôts. Mais après avoir vendu ses biens et appliqué le produit de la vente à sa dette, il lui manquait encore deux mille dollars.

Le maire l'appela et lui dit de payer le reste de l'argent.

– Je n'ai plus d'argent, déclara Nasrudin. Il ne nous reste plus que trois mille dollars à ma femme et moi, mais ça lui appartient.

– Eh bien, répondit le maire, selon notre loi, un mari et une femme partagent à la fois les biens et les dettes. Et donc, vous devez utiliser ses trois mille dollars pour payer votre dette.

– Mais je ne peux toujours pas faire cela, répondit Nasrudin.

– Pourquoi pas ? demanda le maire.

– Parce que, expliqua Nasrudin, les trois mille dollars sont en fait la dot que je lui dois et que je n'ai pas encore payée.

370. L'âne de Nasrudin est malade

L'ami de Nasrudin le remarqua pleurer sur son âne malade.

– Pourquoi pleures-tu ? demanda-t-il. Ton âne est encore en vie.

– Oui, répondit Nasrudin, mais s'il meurt, je devrais l'enterrer, puis aller acheter un nouvel âne, et ensuite le dresser ; et avec toutes ces tâches à accomplir, je n'aurai pas le temps de pleurer.

371. Nasrudin vend des fruits
Nasrudin vendait des fruits par une chaude journée d'été.
– Combien pour un melon ? demandait un homme.
– Quatre dollars, répondit Nasrudin.
– C'est scandaleux, répondit l'homme. Comment pouvez-vous faire payer autant ? Vous n'avez aucune morale ?
– Non, répondit Nasrudin, je n'ai pas de cela en stock.

372. Trois mois
Trois mois après le mariage de Nasrudin avec sa nouvelle femme, celle-ci donna naissance à une petite fille.
– Je ne suis pas un expert ou quoi que ce soit, déclara Nasrudin ; et s'il te plaît, ne le prends pas mal, mais dit-moi ceci : Ne faut-il pas neuf mois pour qu'une femme passe de la conception à l'accouchement ?
– Vous, les hommes, vous êtes tous pareils, répondit-elle, si ignorants des questions féminines. Dis-moi une chose : depuis combien de temps suis-je mariée avec toi ?
– Trois mois, répondit Nasrudin.
– Et depuis combien de temps es-tu marié avec moi ? demanda-t-elle.
– Trois mois, répondit Nasrudin.
– Et depuis combien de temps suis-je enceinte ? demanda-t-elle.
– Trois mois, répondit Nasrudin.
– Alors, expliqua-t-elle, trois plus trois plus trois égalent neuf. Es-tu satisfait maintenant ?
– Oui, répondit Nasrudin, s'il te plaît, pardonne-moi d'avoir soulevé cette question.

373. Maudite amende

Après avoir trébuché sur un rocher en marchant, Nasrudin cria avec colère :

– Fils de garce !

Malheureusement, un homme se trouvant à proximité pensa que ce commentaire était dirigé contre lui, et se sentit tellement offensé qu'il poursuivit Nasrudin en justice, au grand dam de ce dernier.

Lorsque le juge entendit l'affaire, il décida que Nasrudin devait payer l'homme cinq dollars.

Nasrudin remis alors au juge un billet de dix dollars, et alors que ce dernier cherchait de la monnaie, Nasrudin demanda :

– Alors je suppose que l'amende pour avoir insulté quelqu'un est de cinq dollars, n'est-ce pas ?

– C'est ça.

– OK alors, garde la monnaie, fils de pute.

374. Les clients réclament

Nasrudin avait besoin d'argent, et décida d'emballer du sable pour le vendre comme de la mort-aux-rats. Après en avoir vendu une bonne partie, il fut approché le lendemain par quelques clients en colère qui demandaient un remboursement.

– Nous avons mis la mort-aux-rats dans nos maisons, dirent-ils, et ça n'a pas tué un seul rat.

– Eh bien, répondit Nasrudin, vous dites que vous avez juste saupoudré le produit dans votre maison ?

– Oui, répondirent-ils.

– Eh bien, répondit Nasrudin, vous n'avez pas suivi les instructions correctement ; et je ne suis pas responsable de cela.

– Comment aurions-nous dû utiliser la poudre ? demandèrent-ils.

– Vous deviez frapper le rat à la tête, puis lui mettre la poudre dans la bouche.

375. Nasrudin "aide" à préparer un repas

Nasrudin et un ami achetèrent des ingrédients pour préparer un repas composé de viande, de riz et de légumes.

– Nasrudin, dit l'ami, tu prépares le riz, et moi je fais les légumes.

– En fait, dit l'autre, je n'ai aucune idée de comment faire du riz.

– Coupe les légumes en fines tranches, et je m'occupe du riz.

– Eh bien, pour être honnête, je ne sais vraiment pas comment couper les légumes.

– Alors va préparer la viande pour le fourneau.

– J'aimerais bien, mais j'ai une aversion pour la viande crue.

– Alors va allumer le fourneau.

– Malheureusement, je ne peux pas faire ça. J'ai peur du feu.

Fatigué d'entendre toutes les excuses de Nasrudin, l'ami prépara le repas tout seul.

Une fois prêt, il mit la nourriture sur la table et dit à Nasrudin :

– Eh bien, je parie que tu ne peux pas non plus manger de la viande, des légumes et du ragoût, n'est-ce pas ?

– En effet, répondit Nasrudin, mais comme je sais que tu t'es donné beaucoup de mal pour préparer ce repas, je ferai de mon mieux pour le manger.

376. La marche du retour

Le chef religieux local n'aimait pas trop Nasrudin. Cependant, une nuit, lui qui n'avait pas envie de rentrer seul à la maison, décida de rejoindre Nasrudin alors qu'ils retournaient dans leur quartier.

Quand ils atteignirent un passage abrupt, le chef religieux leva les yeux et dit :

– Grand Dieu, tu as certainement rendu ce chemin plus escarpé afin de punir mon compagnon pour son comportement pas si exceptionnel.

– Mon ami, répondit Nasrudin, tu as tout faux. Lorsque j'ai pris cette même route ce matin en allant au travail, c'était une descente et une marche très facile. Mais maintenant que tu m'accompagnes, elle est en pente ascendante comme ça !

377. L'addition

Nasrudin mangea un ragoût dans un restaurant, puis partit sans payer l'addition.

Le propriétaire se précipita vers lui et lui dit :

– Hé, tu n'as pas payé ton repas.

– Eh bien, répondit Nasrudin. Laisse-moi te demander ceci : as-tu payé tous les ingrédients de mon repas au bazar ?

– Oui, bien sûr que je l'ai fait, répondit l'homme.

– Donc ce repas a déjà été payé, expliqua Nasrudin, alors pourquoi payer deux fois ?

378. Débat

Nasrudin et quelques amis étaient sur la place de la ville. Les amis, cherchant un sujet de discussion, commencèrent à débattre du sexe de la colombe qui rapporta le rameau d'olivier sur l'arche de Noé.

Après avoir écouté le débat, Nasrudin prit la parole et dit :

– C'est en fait une question à laquelle il est très facile de répondre. La colombe était mâle, j'en suis sûr.

– Comment peux-tu en être aussi sûr ? demandèrent les amis.

– Parce que, expliqua Nasrudin, aucune femelle ne serait capable de maintenir sa boucle close aussi longtemps !

379. Le four

Nasrudin était en train de construire un four dans sa cour. Une fois terminé il le montra aux voisins.

– Le four est bien, dit l'un d'entre eux, mais il est orienté vers le nord. Quand il y aura du vent en hiver, le vent éteindra le feu.

Nasrudin reconstruisit le four, cette fois-ci en l'orientant vers le sud. Mais lorsqu'il le montra à ses amis, l'un d'entre eux dit :

– Il est solide et robuste, mais il est orienté vers le sud. Quand le vent soufflera d'une certaine direction, tu ne pourras pas cuisiner correctement.

Nasrudin reconstruisit donc le four face à l'est, et invita ses amis à revenir. Ils l'examinèrent et l'un d'eux dit :

– Vous devez sûrement vous rendre compte qu'à certaines périodes de l'année, le vent souffle la fumée directement vers votre maison !

Frustré, Nasrudin décida de reconstruire le four, mais cette fois en y mettant des roues. Il invita ses voisins et fièrement leur montra le four. Ils le regardèrent et semblèrent l'approuver. Puis l'un d'entre eux dit :

– Nasrudin, félicitations pour ton nouveau four.

– Merci, répondit Nasrudin.

Puis son ami lui dit :

– Puis-je te demander un service et emprunter ce four ce soir ? Je voudrais juste l'utiliser pour préparer un bon repas pour une connaissance qui va venir. Je te le rendrai demain.

Nasrudin accepta, et l'ami emporta le four. Ce jour-là, Nasrudin acheta beaucoup de viande pour préparer son propre barbecue. Son ami rapporta le four le lendemain matin, et Nasrudin partit travailler.

Mais quand il arriva, sa femme lui dit :

– Quelle idée stupide tu as eu...

– Que veux-tu dire ? demanda Nasrudin.

Elle répondit :

– D'abord, ton ami l'a emprunté, donc nous ne pouvions pas l'utiliser. Et aujourd'hui, alors que j'achetais la viande pour notre barbecue, des voleurs sont venus ici et l'ont volée dans notre cour !

380. Le billet de train

Nasrudin était sur le point de monter dans le train, quand le chef de train lui demanda son billet. Nasrudin commença alors à fouiller les poches de son pantalon, mais ne le trouva point.

– Un instant, dit-il. Je sais que je l'ai apporté.

Il fouilla son sac, mais ne le trouva toujours pas. Il regarda à terre autour de lui, et toujours rien. Il commença même à chercher dans ses chaussettes, mais hélas, le ticket restait introuvable.

Alors que le chef de train qui assistait à la scène demanda :

– Pourquoi ne vérifiez-vous pas la poche de votre chemise ? C'est généralement là que la plupart des gens mettent leur billet.

– Oh, je préfère ne peux pas regarder là, répondit Nasrudin.

– Pourquoi pas ? demanda le chef de gare..

Nasrudin expliqua :

– Parce que si je découvre qu'il n'y est pas, alors je n'aurais plus aucun espoir de le trouver !

381. Le test

Nasrudin et un homme du coin étaient en pleine discussion philosophique, quand ce dernier posa la question suivante au mollah :

– Dites-moi, dit-il. Comment se fait-il que chaque fois qu'un morceau de pain beurré tombe, ce soit toujours sur le côté beurré ?

Nasrudin décida de tester. Il prit un morceau de pain et le beurra d'un côté, puis le jeta en l'air ; il retomba sur le côté non beurré. Il dit immédiatement :

– Eh bien, voilà ta théorie. Le pain est tombé sur le côté non beurré.

Sans se décourager, l'autre homme répondit :

– Non, tu te trompes. Tu l'as beurré du mauvais côté.

382. Nasrudin enterre son âne

Un jour, l'âne bien-aimé de Nasrudin tomba raide mort. Très attristé, Nasrudin décida de lui faire une tombe et de lui donner un enterrement et une cérémonie officiels.

Alors qu'il pleurait sur la tombe pour la perte de son âne bien-aimé, quelqu'un le remarqua et lui demanda :

– Qui est enterré là ?

Embarrassé d'admettre que c'était son âne, il répondit :

– Un grand cheikh. Il m'est apparu en rêve et m'a dit que personne ne se rendait sur sa tombe, je suis donc venu ici pour l'honorer et me souvenir de lui.

Bientôt, la nouvelle du cheikh se répandit et de nombreuses personnes commencèrent à se rendre sur la tombe. Quelques semaines plus tard, Nasrudin passait par là sur son nouvel âne et remarqua un grand rassemblement de personnes, ainsi qu'un autel construit sur la tombe.

– Que se passe-t-il ici ? demanda-t-il à quelqu'un.

– Un grand cheikh a été enterré ici, et nous lui rendons tous hommage.

– Quoi ! dit Nasrudin. C'est la tombe de mon âne. Je l'ai enterré ici moi-même !

Très indignés, les gens emmenèrent Nasrudin chez le responsable religieux. Après s'être fait expliquer toute l'histoire, le fonctionnaire religieux, très offensé, ordonna à ses assistants de donner à Nasrudin plusieurs coups de fouet sur le dos.

Alors qu'il rentrait chez lui avec des marques sur le dos, Nasrudin se dit :

– Wow, mon âne était vraiment quelque chose. Il était si grand que les gens en ont fait un cheikh.

383. Le parapluie

Alors que Nasrudin et son ami marchaient, il se mit soudainement à pleuvoir à verse. L'ami remarqua que Nasrudin avait un parapluie et lui dit :

– Ouvre ton parapluie pour nous éviter de nous faire tremper.

– Non, dit Nasrudin, il ne nous évitera pas d'être mouillés. Ce parapluie est plein de trous.

– Alors pourquoi l'as-tu apporté ? demanda l'ami avec curiosité.

– Eh bien, expliqua Nasrudin, je ne pensais pas qu'il allait pleuvoir aujourd'hui.

384. Nasrudin, menteur et exagérateur

Maire :

– Nasrudin, tu es connu pour être un menteur et un exagérateur. Dis-moi un mensonge sans réfléchir, et je te récompenserai avec cinquante dollars.

Nasrudin :

– Cinquante dollars ? Vous venez de m'en promettre cent !

385. L'âme de Nasrudin

Nasrudin était follement amoureux de sa femme. Il lui prodiguait de l'affection, et la désignait constamment par le terme "âme". Puis une nuit, l'ange de la mort est venu à lui et lui dit :

– Je suis ici pour prendre ton âme.

Aussitôt, Nasrudin se tourna vers sa femme et lui dit :

– Réveille-toi ! Quelqu'un est là pour toi !

386. Qui est-il ?

Nasrudin parlant à un cordonnier qui lui raconta l'énigme suivante :

– Il y a une personne qui est le fils de mon père, mais ce n'est pas mon frère. Qui est-il ?

Au bout d'un moment, Nasrudin dit :

– Je ne sais pas. Qui ?

– Moi, répondit le cordonnier.

Très amusé, Nasrudin alla voir un groupe de personnes le lendemain et leur raconta l'énigme. Il leur dit :

– Il y a une personne qui est le fils de mon père, mais ce n'est pas mon frère. Qui est-ce ?

Après avoir réfléchi un moment, ils demandèrent :

– Qui ?

Nasrudin leur répondit :

– Croyez-le ou non, c'est le cordonnier qui travaille sur Kalak Drive.

387. Ton chat est mort

Le cousin de Nasrudin partit vivre loin d'ici, et lui laissa donc une partie de ses biens.

Un jour, le chat du cousin mourut, et Nasrudin lui envoya un message qui disait tout simplement : « Ton chat est mort. »

Le cousin, très contrarié, lui renvoya un message qui disait : « Là où je vis, nous annonçons les mauvaises nouvelles avec plus de tact. Tu aurais pu me le dire avec plus de ménagement. Tu aurais dû commencer par me dire : « ton chat se comporte bizarrement», puis me dire plus tard : « ton chat saute partout », puis me dire plus tard : « Ton chat a disparu », enfin m'annoncer la nouvelle en disant : « ton chat est mort ».

Un mois plus tard, le cousin de Nasrudin reçu une nouvelle lettre de Nasrudin, qui disait « Ta mère se comporte bizarrement ».

388. La bonne direction

Un fonctionnaire de passage demande à Nasrudin :

– Comment puis-je me rendre en ville ?

– Allez au village, lui suggère Nasrudin.

– Le village est dans l'autre direction. J'en reviens, je veux aller en ville, dit le fonctionnaire hautain.

– Vous ne pouvez pas aller en ville d'ici, insiste Nasrudin.

– Pour aller en ville c'est tout droit, n'est-ce pas ? argumente le fonctionnaire.

– C'est exact ! dit Nasrudin.

– Et vous iriez tout droit pour arriver en ville, n'est-ce pas ?

– Encore une fois, c'est bien ça !

– Alors pourquoi me conseillez-vous de retourner au village ? demande le fonctionnaire triomphant.

– Eh bien, Monsieur, vous voyez, ils ont quelque chose dont vous avez besoin, un panneau de signalisation en direction de la ville avec 'je sais où je vais !'

389. Les épouses

Nasrudin faisait partie d'un club appelé « L'Assemblée de ceux qui n'ont pas peur de leurs femmes ».

Un jour, le président ouvrit la réunion de la manière habituelle, en disant :

– O vous tous qui n'avez pas peur de vos femmes, asseyez-vous.

Tous s'assirent, sauf le mollah.

– Qu'y a-t-il, Nasrudin ; as-tu peur de ta femme ?

– Je n'ai pas peur d'elle, mais je ne peux pas m'asseoir. Elle m'a tellement battu hier soir que je suis couvert de bleus.

390. Derniers vœux

Nasrudin est avec ses copains en train de boire un café :

Ils discutent de la mort :

– Quand vous êtes dans votre cercueil et que vos amis et votre famille sont en deuil, que voudriez-vous les entendre dire à votre sujet ?

Le premier copain dit :

– J'aimerais les entendre dire que j'étais un grand médecin de mon temps, et un homme dédié à sa famille.

Le second dit :

– J'aimerais les entendre dire que j'ai été un merveilleux mari et professeur d'école qui a fait une énorme différence pour nos enfants de demain.

Nasrudin dit :

– J'aimerais les entendre dire... REGARDEZ ! IL BOUGE !!!

391. Perdu : Un âne

– O Gens ! cria Nasrudin, en courant dans les rues de son village. Sachez que j'ai perdu mon âne. Quiconque le ramènera recevra l'âne comme récompense !

– Tu es fou, dirent certains spectateurs à cet étrange événement.

– Pas du tout, dit Nasrudin, ne sais-tu pas que le plaisir que tu as à retrouver quelque chose de perdu est plus grand que la joie de le posséder ?

392. Le Livre

Lors d'un voyage dans un autre village, Nasrudin perdit son exemplaire préféré du livre mystique. Plusieurs semaines plus tard, une chèvre s'approcha de Nasrudin, portant le livre dans sa gueule.

Nasrudin n'en croyait pas ses yeux. Il retira le précieux livre de la gueule de la chèvre, leva les yeux au ciel et s'exclama :
– C'est un miracle !
– Pas vraiment, dit la chèvre. Ton nom est écrit à l'intérieur de la couverture.

393. Certitude

– Lançons une pièce et voyons qui a raison ?
– Certainement, dit Nasrudin, « face je gagne, pile tu perds. »

394. Orthodoxie et hérésie

– Nasrudin, vous êtes de religion orthodoxe ?
– Tout dépend, dit Nasrudin, de quelle bande d'hérétiques est au pouvoir.

395. La nature de l'invisible

Il semble que le maître de la foi et chef des derviches, Nasrudin, fut appelé à faire un speech sur la 'nature d'Allah' à la mosquée locale. Les nombreux imams et docteurs de la loi islamique étaient présents. Par courtoisie et parce qu'on ne pouvait pas compter sur Nasrudin pour dire quoi que ce soit de valable, ces illustres invités expliquèrent et inspirèrent le public par leur éloquence et leur sagesse.

Enfin, c'était au tour de Nasrudin d'expliquer 'la nature d'Allah'.

– Allah ..., a commencé Nasrudin de manière impressionnante – est ....

Nasrudin retira et brandit un légume mauve ovoïde des plis de son turban, « ... une aubergine. »

Ce blasphème souleva un tollé. Lorsque l'ordre fut enfin établi, on demanda à contrecœur à Nasrudin d'expliquer ses paroles.

– J'en conclus que tout le monde parle de ce qu'il ne sait pas ou n'a pas vu. Nous pouvons tous voir cette aubergine. Y a-t-il quelqu'un qui puisse nier qu'Allah est manifeste en toutes choses ?

– Personne ne le pourrait.

– Très bien donc, dit Nasrudin, Allah est une aubergine.

396. Porter le chapeau des autres

– Nasrudin, pourquoi les gens se moquent de toi ?

– Eh bien, dit Nasrudin. Pensez à moi comme à un turban. La nature du rire dévoile les défauts. Si les gens riaient d'eux-mêmes, ils se sentiraient nus. C'est pourquoi je leur fournis un 'couvre-chef'.

– Mais Nasrudin, ils sont toujours nus !

– Chut, dit Nasrudin en souriant...

397. Qui est mort ?

Un voyageur était de passage en ville lorsqu'il tomba sur un immense cortège funèbre. Nasrudin, au coin de la rue regardait les gens passer.

– Qui est mort ? demanda le voyageur à Nasrudin.

– Je ne suis pas sûr, répondit Nasrudin, mais je pense que c'est celui qui était dans le cercueil.

398. Retour du chameau

– Au voleur, au voleur ! Quelqu'un a volé mon cheval ! s'écria Nasrudin.

Finalement, après que l'agitation se soit calmée, quelqu'un observa :

– Mais Nasrudin, tu n'as pas de cheval.

399. La vérité

Un jour, un idiot demanda à Nasrudin :

– Dieu est-il vrai ?

– Tout est vrai répondit Nasrudin.

– Même les choses fausses ?

– Même les choses fausses sont vraies, répondit Nasrudin.

– Mais comment cela peut-il être vrai ?

– Je ne sais pas. Je ne l'ai pas fait, dit Nasrudin en haussant les épaules.

400. Raconter un mensonge

Un jour, Nasrudin et ses amis décidèrent de faire une blague aux habitants d'un village. Nasrudin attira donc une foule et leur mentit à propos d'une mine d'or située à un certain endroit. Quand tout le monde se mit à courir pour mettre la main sur l'or, Nasrudin se mit à courir avec eux. Lorsque ses amis lui demandèrent pourquoi il les suivait, il répondit :

– Tant de gens y ont cru, que je pense que c'est peut-être vrai !

401. Le mollah et sa conscience

Le mollah Nasrudin fit appel à un psychiatre et lui dit qu'il avait des problèmes et avait besoin d'aide.

– Je veux vous parler, dit le mollah, parce que mon éthique n'est pas ce qu'elle devrait être et que ma conscience me dérange.

– Je comprends, dit le psychiatre, et vous voulez que je vous aide à développer une volonté plus forte, c'est ça ?

– Non, dit Nasrudin. Ce n'est pas ça. Je veux que vous essayiez d'affaiblir ma conscience.

402. Saoul

Une fois, Mulla Nasrudin fût forcé de se présenter au tribunal parce qu'il avait été retrouvé ivre dans la rue.

Le magistrat dit :

– Nasrudin, je me souviens de t'avoir vu si souvent pour ce même délit. As-tu une explication pour ton ivresse habituelle ?

Nasrudin répondit :

– Bien sûr, votre Honneur. J'ai une explication pour mon ivresse habituelle. Voici mon explication : la soif habituelle.

403. Questions et réponses

Bodhi (le Sage) Nasrudin retourna aux études après avoir été considéré pendant des années comme un étrange professeur en quelque sorte.

Les curieux lui demandèrent :

– Qu'avez-vous appris ?

– Rien, répondit Nasrudin. Les professeurs insistaient pour que je pose des questions et que j'apprenne à étudier, alors que j'ai déjà toutes les réponses.

404. Nasrudin : l'âne rouge

Un jour, le mollah Nasrudin faisait des courses dans un village. Il laissa son âne dans la rue et entra dans un magasin pour acheter quelque chose. Quand il en sorti, il était furieux. Quelqu'un avait peint son âne complètement en rouge, rouge vif. Il était donc furieux et il demanda :

– Qui a fait ça ? Je vais tuer cet homme !

Un petit garçon se tenait là. Il dit :

– Un homme a fait ça, et cet homme est entré dans le bar.

Alors Nasrudin y alla, s'y précipita, en colère, fou. Il dit :

– Qui a fait ça ? Qui diable a peint mon âne ?

Un homme très grand, très fort, se leva et dit :

– C'est moi. Et alors ?

Alors Nasrudin dit :

– Merci, monsieur. Vous avez fait un si beau travail. Je suis juste venu vous dire que la première couche est sèche.

405. Des épouses comme ça

Mulla Nasrudin pêchait avec son ami.

– Je pense que je devrais divorcer, dit son ami. Ma femme ne m'a pas parlé depuis trois mois.

– J'y réfléchirais à deux fois si j'étais toi, dit le mollah. Les femmes comme ça sont difficiles à trouver.

406. Acheter nos mensonges

Mulla Nasrudin venait, une fois de plus, de se faire licencier. Cette fois, pour des raisons de publicité. Il avait prétendu être passé maître dans l'art de manipuler la vérité. Et comme suffisamment de personnes le confirmèrent, il avait obtenu le poste. Le Mollah utilisait une grande marque de voiture pour révéler la vérité.

Dans toutes les villes, un message fut affiché sur des panneaux 4x3 et sur internet : une image claire de la nouvelle gamme de produits, le logo de la marque et un énorme slogan : " Croyez en nos mensonges qui vous font acheter cette voiture !"

Il fut presque renvoyé. Curieusement, un nombre suffisant de personnes pensèrent à une bonne blague et achetèrent quand même. Son directeur donna alors une chance supplémentaire au Mollah. Mais il insista, juste pour être sûr.

– Ce n'est pas la façon de faire de la publicité. Les gens doivent sentir qu'ils achètent de la qualité ; ils ne doivent pas acheter des mensonges.

– Je vais m'en assurer ! promit le mollah.

Quelques semaines plus tard, la campagne publicitaire suivante apparut sur internet et sur les murs des grandes villes. Cette fois, le slogan –énorme- sur les nouvelles voitures et le logo de la marque proclamait : « Ne gobez pas nos mensonges pour vous faire acheter cette voiture ! »

407. De l'argent pour la paix

Mulla Nasrudin venait une fois de plus de se faire licencier. Cette fois-ci, pour une raison de lobbying. Il avait prétendu être passé maître dans l'art de manipuler la vérité. Et comme suffisamment de personnes le confirmèrent, il obtint l'emploi. En tant que lobbyiste pour une grande entreprise, il devait s'assurer que le gouvernement continue à sponsoriser l'industrie de l'armement.

– Vous savez, avait dit son patron, pour maintenir la paix, en faisant des guillemets avec ses doigts et en faisant des clins d'œil avec un grand sourire de vendeur.

Avec beaucoup d'argent, pour soudoyer et convaincre les politiciens, le Mollah organisa de nombreuses fêtes et fût accueilli par beaucoup d'autres. Curieusement, il ne décrocha pas un seul contrat pour son employeur. Celui-ci se renseigna sur la façon de procéder du Mollah. On lui répondit que ce dernier était considéré comme la nouvelle machine de paix.

Cela semblait positif à son patron, mais les ventes l'inquiétaient. Il continua donc à s'informer. Il apparût que le Mollah payait les gens pour qu'ils n'achètent pas d'armes, qu'ils n'incitent pas à la guerre et qu'ils ne s'y joignent pas, quelque soit la distance et le "mal" que le côté opposé semblait avoir, ou l'importance des opportunités pour les entreprises, s'ils gagnaient une telle guerre.

Son patron faillit exploser. Le mollah fut convoqué dans son bureau.

– Ne savez-vous pas que vous avez non seulement gaspillé des millions de mon argent ? Vous avez aussi gâché des millions de grandes industries qui auraient aussi bénéficié de notre "rétablissement de la paix" par la force ?

Le mollah eu l'air triste.

– Oui, je sais, s'exclama-t-il, Et le pire, c'est que je l'ai donné aux mauvaises personnes. Si je l'avais donné aux pauvres de nos ennemis, ils l'auraient utilisé pour ériger leurs terres en des lieux sains et paisibles. Maintenant, l'argent s'est envolé dans des poches sans fonds et l'autre partie n'a plus guère d'espoir de connaître des temps meilleurs.

408. Humains ou robots ?

Mulla Nasrudin avait, une fois de plus, été licencié de son dernier emploi. Cette fois-ci, il s'agissait de l'éducation. Il avait prétendu être le maître de la socialisation des jeunes. Plus, que suffisamment de personnes le confirmèrent, le considérant comme un grand professeur, oubliant de mentionner sa véritable façon de penser. Il avait donc obtenu le poste.

Les enfants dirent tous beaucoup de bien de son enseignement, alors les parents et le conseil d'administration de l'école attendirent avec impatience les résultats de la fin de l'année. Lorsque les jeunes élèves furent testés, ils échouèrent tous à leurs examens. Les parents et le conseil d'administration de l'école furent stupéfaits. Que s'était-il passé ?

Ils découvrirent que le mollah racontait à ses élèves des histoires drôles sur l'enseignement, qu'ils discutaient ensuite, et que l'autre moitié de la journée, ils jouaient. Lorsqu'ils demandèrent une explication au mollah, il montra du doigt les enfants.

– Ah, j'avais compris que vous vouliez que je les éduque pour qu'ils deviennent des humains prospères. Je ne savais pas que vous entendiez en faire des machines pour rendre les adultes heureux.

Il fut dit que ces enfants ne terminèrent jamais leurs études, et pourtant tous devinrent des citoyens prospères faisant plus de bien à la société que de nombreux universitaires occupant des postes élevés.

409. Négociations de paix

Mulla Nasrudin avait, une fois de plus, été licencié de son dernier emploi. Cette fois-ci, pour avoir dirigé des négociations de paix. Comme il avait irrité tant de personnes dans ses précédents emplois, certains politiciens manipulateurs étaient convaincus que le Mollah mènerait leur pays vers une guerre profitable. Pour commencer, leur plan était prometteur.

Le Mollah accabla tout le monde de ses blagues et de ses contradictions pendant les négociations. Puis, à la suite d'une longue soirée, il accepta toutes les demandes de l'opposition, lors de la conférence de presse à la fin du troisième jour.

– Bien sûr, nous nous excusons internationalement pour nos transgressions. Bien sûr que nous rendrons cette province contestée. Bien sûr que nous retirerons les troupes de la frontière. Bien sûr que nous avons structuré la résistance à notre agression comme terrorisme….

Les politiciens qui lirent ces lignes dans le journal furent furieux. Ensuite de quoi le mollah enchaîna :

– Je dois dire que les partis de l'opposition étaient plus amusants.

Les politiciens intrigants pensaient maintenant qu'ils avaient un moyen de le renverser. Et voulaient qu'il soit jugé pour trahison suite à cet article. Mais les recherches révélèrent qu'il avait tout autant irrité la partie adverse. On découvrit qu'il fit la fête avec eux jusque tard dans la nuit, ce qui lui permit de toucher des millions de dollars en pots-de-vin. Pourtant, après avoir placé ces millions sur un compte offshore, il leur avait dit :

– Je tiendrai mes promesses mais celles-ci seront invalides, car ce ne sont pas mes compétences en matière de négociation qui déterminent le résultat de ce processus de paix. C'est la volonté de ceux qui ont le pouvoir et qui profitent du conflit. Ils voulaient tous me voir me planter.

Les politiciens milliardaires, qui avaient essayé d'instrumentaliser le Mollah, craignaient un tel témoignage, alors ils le laissèrent simplement partir. Mais ensuite, une chose étrange se produisit. La paix semblait fonctionner, car aucun milliardaire intrigant n'osait aller à l'antenne en prétendant : "Oui, nous allons continuer notre agression. Oui, nous maintenons la tension en amenant plus de troupes. Oui, nous avons engagé un négociateur en espérant qu'il rendrait un accord de paix impossible."

Les milliardaires durent donc accepter l'accord de paix. Et des millions de gens les virent comme des héros pour avoir arrêté la guerre. Et plus tard, en grinçant des dents, ils acceptèrent le prix Nobel de la paix.

410. Crimes et lâcheté.

Cette fois-ci, Mulla Nasrudin enseignait dans un collège. Un jour, il raconta à ses élèves son passé de criminel. Il avait volé à cause de la pauvreté. Il fit de la contrebande pour le sport. Il avait menti pour avoir accès aux fêtes. Il avait trop souvent évité d'assumer ses responsabilités pour de nombreuses raisons.

Et il partagea toutes ces histoires comme si chacune d'entre elles était un acte héroïque. Le point culminant étant une histoire de lâcheté.

– Un jour, je suis allé sauver une fille d'une terrible bande de voleurs. Ces voleurs l'avaient kidnappée, alors qu'elle allait laver des vêtements dans la rivière. Son père m'avait demandé de la sauver et m'avait promis que je pourrais l'épouser si je réussissais. Il m'a aussi donné un gros pistolet pour me défendre. J'ai donc suivi leur piste dans le désert et je les ai vite découverts. Puis je me rendis en douce en position surélevée pour mieux les voir. Ils l'avaient attachée et dansaient autour d'elle, brandissant leurs épées devant son visage. Ils étaient au moins douze.

– Qu'avez-vous fait Mulla ? demanda l'un des étudiants, l'avez-vous sauvée ?

– Bien sûr que non ! dit le mollah. Voyez-vous, c'était un piège. J'étais trop intelligent pour ça et je me suis enfui.

Les étudiants haletèrent et s'interrogèrent.

– Quel était le piège ? Savaient-ils que vous étiez là ? Où vous attendaient-ils ?

– Ooh ! non, dit le mollah. Le piège était bien plus diabolique que ça. Vous voyez, elle était très laide et avait ce vilain cri aigu qui me faisait mal aux oreilles. Alors soit j'aurais essayé de la sauver, soit j'aurais échoué et je serais mort, ou pire, j'aurais pu réussir et devoir vivre avec elle le reste de ma vie.

Le mollah se leva fièrement.

– Être lâche dans cette situation, a été l'un des meilleurs choix de ma vie, dit-il avec fierté.

411. Le mulla et la table.

Cette fois-ci, le mollah Nasrudin donnait des cours de philosophie pour apprendre aux étudiants à penser clairement. Dans la première leçon, il montra du doigt une table et demanda aux élèves ce qui faisait de la table une table. Est-ce le nombre de pieds, la taille de l'assiette dessus ?

Plus les élèves discutaient, plus ils trouvaient des réponses différentes. Le nombre de pieds ne semblait pas avoir d'importance, la taille exacte ou même la planéité de la surface pouvaient aussi varier beaucoup. En désespoir de cause, un élève s'exclama :

– Mulla, dans ce cas, il y a une quantité infinie de bonnes réponses possibles.

– Exactement ! Tout comme la vie est pleine d'options infinies, s'écria le Mulla satisfait. L'élève répondit :

– Alors pourquoi sommes-nous censés, en répondant à une question, lors d'une interrogation, trouver la seule bonne réponse que vous attendez ?

Sans pause, comme s'il réglait un vieux compte, le mollah répondit :

– Exactement ! Pourquoi ?

412. Le Mulla et l'Autorité

Cette fois-ci, Mulla Nasrudin se vit convoquer au bureau du directeur, par rapport à son travail d'enseignant. Au début il avait reçu les éloges de tout le monde. Tous ses élèves n'avaient obtenu que les meilleures notes. Même un inspecteur scolaire était venu le féliciter pour son travail exceptionnel. Pourtant, cet homme constata que tous ses élèves donnaient des réponses très différentes aux interrogations et, pour la plupart, fausses, et obtenaient quand même de bons résultats.

Le mollah fut donc appelé. Le directeur et l'inspecteur demandèrent une explication. Le mollah leur demanda s'ils étaient d'accord sur le fait que la vie est pleine d'options infinies. Le directeur affirma que ce n'était pas le cas. À l'école, pour apprendre correctement, une seule bonne réponse doit suffire. L'inspecteur ajouta un exemple :

– Quand vous allez au marché, et que vous achetez une livre de raisin qui coûte 3 dollars. Que payez-vous ?

– Je marchande, dit le mollah.

– Hemm, grogna le directeur. Et si vous vous mariez et que pendant la cérémonie on vous demande si vous voulez vivre toute votre vie avec elle, que dites-vous ?

– Cela dépend, dit le mollah. Est-ce que je la veux vraiment ?

Après avoir jeté un coup d'œil à l'inspecteur, le directeur frappa sur la table.

– Écoute, Nasrudin ! s'exclama le directeur, frustré : Soit tu veux ce travail et tu apprends à tes élèves à donner les réponses attendues, soit tu n'as pas de travail.

– Tu vois, répond joyeusement le mollah : J'ai encore le choix !

413. Le mollah sait comment tricher

Cette fois, tous les enfants de la ville furent mis en garde de ne pas s'approcher du mollah. Ils ne devaient pas lui rendre visite, et que Dieu nous en préserve, écouter mollah Nasrudin.

Cela rendit les enfants très curieux et ils décidèrent de lui rendre visite. Il ne fit que boire du thé avec eux et ils partagèrent des histoires.

Pourtant, l'effet fut stupéfiant. Les enfants furent plus heureux et devinrent plus intelligents à l'école.

Pour une fois, les parents admirent à contrecœur que Nasrudin semblait avoir une profonde influence sur les jeunes. Jusqu'à ce qu'ils apprirent qu'il enseignait aux enfants à tricher à tous les examens de différentes manières. Il leur fournissait des textes de tricherie et antisèches qu'ils copiaient tous avec enthousiasme.

Une assemblée de parents en colère se rendit chez lui et exigea une explication.

– Eh bien, dit le mollah, il semble que vous vouliez tellement qu'ils vous copient et deviennent comme vous, que j'ai pensé leur apprendre exactement cela : copier.

414. Expertise

– J'ai trouvé la voie du succès avec difficulté, déclara Mulla Nasrudin. J'ai commencé par le bas. J'ai travaillé douze heures par jour. Je transpirais. Je me suis battu. J'ai subi des sévices. J'ai fait des choses que je n'approuvais pas. Mais j'ai continué à gravir les échelons.

– Et maintenant, bien sûr, vous avez du succès, Mulla ? s'exclama le journaliste.

– Non, je ne dirais pas ça, répondit Nasrudin en riant. Dites tout simplement que je suis devenu un expert en matière d'échelles.

415. Référence

La femme de Mulla Nasrudin, qui demandait le divorce, accusa son mari de ne penser qu'aux courses de chevaux.

– Il ne parle et ne rêve que de ça, et l'hippodrome est le seul endroit où il va. Chevaux, chevaux, chevaux toute la journée et une grande partie de la nuit. Il ne connaît même pas la date de notre mariage.

– Ce n'est pas vrai, Votre Honneur, s'écria Nasrudin. Nous nous sommes mariés le jour où l'Etoile noire a gagné le derby du Kentucky.

416. Rôle

Mulla Nasrudin jouait le rôle d'un juge recruté à la hâte dans une pièce de théâtre. Tout ce qu'il avait à faire était de s'asseoir tranquillement jusqu'à ce qu'on lui demande son verdict et de le rendre selon les instructions du directeur de la pièce.

Mais Mulla Nasrudin n'était en aucun cas apathique, il était complètement absorbé par le drame qui se jouait devant lui. Tellement absorbé, en fait, qu'au lieu de suivre les instructions et de dire : « Coupable », le mollah se leva et dit d'un ton ferme :

– PAS COUPABLE.

417. Échange d'expériences

Mulla Nasrudin disait à un ami qu'il lançait une entreprise en partenariat avec un autre homme.

– Quel est ton apport en capital Mulla ? lui demandait l'ami.

– Aucun. L'autre homme apporte le capital, et moi, l'expérience, dit le mollah.

– Donc, c'est un accord à 50/50.

– Oui, c'est comme ça qu'on commence, dit Nasrudin, mais je pense que dans environ cinq ans, j'aurai le capital et lui l'expérience.

418. Si c'est un mensonge

Un jour, un ami du Hodja lui demanda s'il pouvait être son témoin et lui dit :

– Si le juge te demande "est-ce que cet homme s'est débarrassé de toutes les pièces d'or", tu peux lui dire que oui.

Ils se présentèrent devant le juge et le Hodja témoigna que l'homme avait effectivement donné toutes les pièces d'argent.

Le juge accepta cette preuve et ils furent renvoyés. À l'extérieur, l'ami dit au Hodja :

– Hodja Effendi, pourquoi as-tu dit "argent" au lieu de "or" ?

– Si c'est un mensonge, répondit le Hodja, quelle différence ça fait ?

419. Restaurateur idiot

Le Hodja était dans un autre village et se mit à avoir très faim. Il se promenait sur le marché quand il sentit des odeurs de nourriture provenant d'un restaurant. Il vit le propriétaire qui se tenait à la porte. Il lui demanda :
– Est-ce que toute cette nourriture t'appartient ?
– Oui, répondit l'homme.
– Vraiment ? demanda le Hodja.
– Oui, te dis-je.
– Tu es un homme stupide, dit le Hodja. Pourquoi restes-tu ici alors, au lieu de tout manger ?

420. Bâillement

Un jour, le Hodja se rendit dans un autre village. Personne ne lui proposa à manger, au lieu de cela, ils lui demandèrent:
– Hodja, pourquoi les gens baillent ?
– Il y a deux raisons : L'une d'elles est la fatigue, l'autre est la faim.
Après avoir bâillé pendant un certain temps, il finit par dire :
– Je ne suis pas fatigué !

421. Il sait bien

Un jour, un taureau monta une jeune vache du Hodja. Le Hodja voyant cela prit un bâton et courut vers lui. Le taureau fuit vers la voiture d'un Turcoman, à laquelle se trouvaient sept autres bœufs attachés. Le Hodja, gardant le bœuf en vue, lui courut après, et le frappa de plusieurs coups de bâton.
– Haut-là, mon gars ! dit le Turcoman. Qu'est-ce que tu veux à mon bœuf ?
– Ne t'en mêle pas, toi, espèce de chien stupide, dit le Hodja. Il sait très bien ce qu'il a fait.

422. L'œuf ou la poule

Le jeune fils de Nasreddin a déniché un œuf dans un nid et il vient s'instruire aussitôt auprès de son père.

— Regarde, j'ai trouvé un bel œuf dans un arbre, mais il y a quelque chose que je voudrais que tu m'expliques : comment l'oiseau va-t-il faire

pour en sortir ?

— Ah, mon fils ! s'exclame le Hodja, la mine soucieuse, c'est une question difficile, mais il y en a une autre, beaucoup plus difficile, une véritable énigme...

— Laquelle, père ?

— Comment l'oiseau fait-il pour y entrer ?

423. L'âne et son maître

De retour du marché où il est allé, monté sur son âne, Nasr Eddin commence par jeter un coup d'œil à l'écurie pour voir si tout se passe bien. Surprise : l'animal n'est pas là à sa place habituelle, dans sa stalle.

— Qu'y a-t-il, Hodja ? Lui crie son voisin, qui le voit perplexe.

— Mon âne s'est enfui en mon absence, il va falloir que j'aille à sa recherche.

— Ton âne ! Mais regarde donc, étourdi, tu es dessus !

— Tiens, c'est vrai ! Reconnaît Nasr Eddin, qui a l'air encore plus embarrassé.

— Qu'y a-t-il donc, maintenant ? Rentre chez toi !

— Eh non, maintenant il faut que je retrouve son maître.

424. Déférence

Des Britanniques, autrefois, étaient assis en cercle autour d'une table, et il en manquait un qui était en retard. Sa place vide était juste à droite de celle de son père.

Enfin, le jeune homme arrive, et son père lui demande sévèrement d'où il vient.
– Je suis allé voir une femme de mauvaise vie, mais aujourd'hui je n'ai rien fait avec elle, car elle m'a dit qu'elle venait de vous avoir comme client.
Furieux, le père lui envoie une gifle puissante.
Le jeune personnage gifle alors son voisin de droite en disant:
– Je n'ose pas frapper mon père, mais... faites donc passer, s'il vous plaît.

425. Garder un secret
Nasreddine avait un disciple, attiré par sa réputation de maître de sagesse et très désireux d'apprendre. Mais très vite le disciple se rebiffe :
– Cela fait plusieurs mois que je te suis, et tu ne m'as toujours pas confié de secret à garder ! Pourtant, je suis prêt !
– Vraiment ? Alors nous verrons demain.
Le soir venu, Nasreddine se rend dans le grenier et capture une petite souris attirée par le grain. Délicatement, il l'enferme dans un petit coffret, et le lendemain, confie ce coffret à son disciple :
– Prends garde, disciple, car dans ce coffret se trouve un secret de sagesse de la plus haute importance ! Il ne te faut l'ouvrir sous aucun prétexte !
Flatté, le disciple prend le coffret, promet et remercie. Mais la curiosité le taraude bientôt, et après quelques heures d'affres, il ouvre le coffret … pour voir la souris s'en échapper.
– Nasreddine ! Tu t'es moqué de moi ! Ton secret n'était qu'une souris !
– Disciple, tu n'es pas encore capable de garder une souris et tu voudrais que je te confie un secret ? Patiente et apprends.

426. La ficelle
Le mollah Nasrudin est venu voir Osho :

– Pourquoi avez-vous enroulé un fil autour de votre doigt ? lui ai-je demandé.
Il me dit :
– Ma femme l'a enroulé pour me rappeler que je ne dois pas oublier de poster une lettre pour elle.
– Avez-vous posté la lettre ? Je lui ai demandé.
– Non, dit le mollah, elle a oublié de me la donner.

427. Le lévrier
Un officier de police réputé pour son avarice demanda à Nasreddin Hodja de lui trouver un lévrier très mince. Quelque temps plus tard, Nasreddin Hodja attrapa un chien dans la rue, lui attacha une corde autour du cou et l'amena à l'officier. Celui-ci s'écria :
– Mais Hodja, je t'ai demandé un lévrier aux flancs étroits, mince comme un fil, et toi tu m'apportes un énorme chien de la rue. Un semi chien de berger.
Nasreddin Hodja le rassura :
– Ne vous en faites pas, cet énorme chien, auprès de vous, ne tiendra bientôt plus debout et ressemblera à un lévrier.

428. Quand je dors
Un jour, la femme de Nasreddine le voit face à un miroir … les yeux fermés !
– Mais que fais-tu mon époux ?
– Chut mon épouse ! Je me concentre ! Je veux savoir quelle tête j'ai quand je dors.

(*Timbre émis par la République Turque Chypriote en 1996*)